Fundamenta Juris Publici

herausgegeben von
Rolf Gröschner, Matthias Jestaedt
und Anna-Bettina Kaiser

9

Franz Reimer

Gerechtigkeit als Methodenfrage

mit Kommentaren von
Carsten Bäcker und Michael Potacs

Mohr Siebeck

Franz Reimer, geb. 1971, ist Inhaber der Professur für Öffentliches Recht und Rechtstheorie an der Universität Gießen.

Carsten Bäcker, geb. 1979, hat den Lehrstuhl für Öffentliches Recht, Verfassungstheorie und Rechtsphilosophie an der Universität Bayreuth inne.

Michael Potacs, geb. 1958, ist Inhaber der Professur für Öffentliches Recht an der Universität Wien.

Zitierbeispiele:
Franz Reimer, Gerechtigkeit als Methodenfrage, Tübingen 2020 (FJP 9), S. 1 (17).

Michael Potacs, Kommentar, in: Franz Reimer, Gerechtigkeit als Methodenfrage, Tübingen 2020 (FJP 9), S. 73 (87).

ISBN 978-3-16-159553-0 / eISBN 978-3-16-159554-7
DOI 10.1628/978-3-16-159554-7

ISSN 2194–8364 / ISSN 2569–3948 (Fundamenta Juris Publici)

Die Deutsche Nationalbibliothek verzeichnet diese Publikation in der Deutschen Nationalbibliographie; detaillierte bibliographische Daten sind im Internet über *http://dnb.dnb.de* abrufbar.

Das Buch wurde von Martin Fischer in Tübingen aus der Minion 3 gesetzt, von Gulde-Druck in Tübingen auf alterungsbeständiges Werkdruckpapier gedruckt und von der Buchbinderei Nädele in Nehren gebunden.

Vorwort der Herausgeber

Fundamenta Juris Publici (FJP) ist die Schriftenreihe des Gesprächskreises „Grundlagen des Öffentlichen Rechts", der sich 2011 als Sektion der Tagung der Vereinigung der Deutschen Staatsrechtslehrer konstituiert hat. Die im Jahresrhythmus erscheinenden Bände dokumentieren den in der Sektionssitzung gehaltenen Vortrag und die beiden dazu abgegebenen Kommentare. Der Reihentitel bekräftigt den Anspruch des Kreises, das wissenschaftliche Gespräch auf die „Grundlagen" zu konzentrieren: auf die ideen-, verfassungs- und verwaltungsgeschichtlichen, die rechts-, sozial- und staatsphilosophischen sowie die rechtstheoretischen, -dogmatischen und -soziologischen Fundamente des ius publicum.

Die Reihe „Fundamenta Juris Publici" zu nennen und mit „FJP" abzukürzen, war von Hans-Peter Schneider vorgeschlagen worden, einem der drei Initiatoren des Gesprächskreises. Als ältestes Mitglied des Herausgebergremiums der FJP hat er nun dessen Verjüngung angeregt. Seine Nachfolgerin ist Anna-Bettina Kaiser.

Im Rahmen der Marburger Staatsrechtslehrertagung Anfang Oktober 2019 stand das Thema „Gerechtigkeit als Methodenfrage" auf der Tagesordnung des Gesprächskreises. Das dazu vorgetragene und im vorliegenden Band abgedruckte Referat von Franz Reimer wird kommentiert von Carsten Bäcker und Michael Potacs.

Nürnberg, Freiburg i. Br.
und Berlin, im Mai 2020

Rolf Gröschner
Matthias Jestaedt
Anna-Bettina Kaiser

Inhaltsverzeichnis

Vorwort der Herausgeber V

Gerechtigkeit als Methodenfrage

von *Franz Reimer*

I. Gerechtigkeit als verschwiegenes Argument 2
II. Die Dialektik von Gerechtigkeit und Recht 8
1. Effektuierung von Gerechtigkeit durch das Recht 8
2. Mediatisierung von Gerechtigkeit durch Recht 19
III. Gerechtigkeit in der Rechtsanwendung 22
1. Beispiel: Sachverhaltsarbeit 23
2. Beispiel: Auslegung 26
3. Beispiel: Abwägung 31
IV. Nicht nur Recht, auch Gerechtigkeit erfordert Methode 33
1. Gerechtigkeitsfindungsmethoden 33
2. Gerechtigkeit als Unungerechtigkeit 39
V. Fazit: Gerechtigkeit als explizierbares Argument 41

Kommentar von *Carsten Bäcker* 45
Kommentar von *Michael Potacs* 73

Gerechtigkeit als Methodenfrage

von *Franz Reimer*

Iustitiam expellas furca –
tamen usque recurret.

Gerechtigkeit ist ein Grundbedürfnis des Menschen. Sie ist daher ein unaufgebbarer Anspruch menschlichen Rechts. Wie jedoch gehen Rechtsordnungen, wie geht die Rechtsordnung der Bundesrepublik und die Rechtswissenschaft der Gegenwart mit ihm um? Ausgehend von der Beobachtung, dass in juristischen Kontexten die Gerechtigkeit heute selten als solche angerufen wird, und dem verbreiteten Befund einer unüberbrückbaren Kluft zwischen Recht und Gerechtigkeit (I.) soll im Folgenden rekapituliert werden, wie das Recht Gerechtigkeit effektuiert, aber auch mediatisiert (II.). Es fragt sich, wo Gerechtigkeit – die nicht unbesehen auf materiale Gerechtigkeit reduziert werden darf – Bedeutung in der Rechtsanwendung haben kann; dies soll stichprobenartig anhand der drei Felder Sachverhaltsarbeit, Auslegung und Abwägung geprüft werden (III.). Zu erinnern ist dabei an den Methodenbedarf bei der Berufung auf Gerechtigkeit (IV.). Die Überlegungen kommen zu dem Schluss, dass Gerechtigkeit nicht aus juristischen Diskursen verbannt werden kann und sollte, sondern explizierbar und diskutierbar ist (V.).

I. Gerechtigkeit als verschwiegenes Argument

Gerechtigkeit ist in den juristischen Diskursen der Bundesrepublik ein schamhaft selten gebrauchtes, geradezu verschwiegenes Argument. Die Beobachtung, die Max Ernst Mayer vor knapp 100 Jahren machte, „Nirgends aber wird die Gerechtigkeit öfters und lauter angerufen als in der Gesetzgebung, Rechtswissenschaft und Rechtspflege“[1], trifft heute nicht mehr zu.[2] Die Vokabel „Gerechtigkeit“ gehört durchaus zur Sprache von Legislative, Exekutive und Judikative, aber als „Sachgerechtigkeit“, „Lastengerechtigkeit“,[3] „Generationengerechtigkeit“ oder sonstiges Kompositum,[4] und sie meint eher „Problemangemessenheit“ als Gerechtigkeit im emphatischen Sinne.

---

[1] Rechtsphilosophie, 1922, S. 78.

[2] Ähnlich bereits Anfang der 1970er Jahre *Niklas Luhmann*, Gerechtigkeit in den Rechtssystemen der modernen Gesellschaft, in: Rechtstheorie 4 (1973), S. 131 (133) mit der Beobachtung, „daß die Idee der Gerechtigkeit im juristischen Denken ihre operative Bedeutung und damit ihre Normativität verloren hat“; heute *Alexander Stöhr*, Gerechtigkeit als Kriterium der Rechtsanwendung, RTh 45 (2014), S. 159. Auch in der Juristischen Methodenlehre ist es still geworden um die Gerechtigkeit; *Larenz*' Befund, in der „Methodendiskussion der Gegenwart“ spiele „eine zentrale Rolle die Frage, wie der Richter zu einer ‚gerechten' Entscheidung zu gelangen vermöge“ (Methodenlehre der Rechtswissenschaft, 6. Aufl. 1991, S. 173), trifft nicht mehr zu.

[3] BVerwG, Urt. v. 29.3.2019, 9 C 4.18, Rn. 69: Herstellung von (finanzieller) Lastengerechtigkeit als vernünftige Erwägung des Gemeinwohls i. R.v. Art. 12 Abs. 1 GG.

[4] Bspw. § 10 Abs. 1 Satz 2 TPG: „bedarfsgerechte, leistungsfähige und wirtschaftliche Versorgung“; vgl. auch die Gerechtigkeiten des SGB V: „sachgerecht“, „alters-, geschlechter- und zielgruppengerecht“, „bedarfsgerecht“, „therapiegerecht“, „ursachengerecht“ u. a. m. Beispiele für Gerechtigkeitskomposita auch bei *Stöhr* (Fn. 2), RTh 45 (2014), S. 159 (162 f.).

Die Anrufung von Gerechtigkeit in einem emphatischen, nämlich ethischen Sinne lassen wir im rechtspolitischen Kontext noch gelten („soziale Gerechtigkeit",[5] „Verteilungsgerechtigkeit", „Mobilitätsgerechtigkeit", „Umweltgerechtigkeit"), aber mit einem Verdacht: Wer Gerechtigkeit sagt, will durchsetzen;[6] oder wenigstens: Wer Gerechtigkeit sagt, will helfen. Zwischen Machtkalkül und Naivität scheint wenig Raum zu bleiben für die Berufung auf Gerechtigkeit, sei es als Argument, sei es als retardierendes oder stimulierendes Moment. Dafür gibt es mindestens drei Gründe:

Erstens ist uns in theoretischer Hinsicht die „Dissonanz zwischen Recht und Gerechtigkeit",[7] die „unüberwindbare Kluft"[8] zwischen ihnen in Fleisch und Blut übergegangen. In den Worten Mayers: „Wer aber Normen sät, kann keine Gerechtigkeit ernten."[9]

Zweitens scheint uns in der Praxis des demokratischen Rechtsstaats, insbesondere, wenn er föderal und sozial ist, die Berufung auf Gerechtigkeit entbehrlich. Wir

---

[5] So aber explizit § 1 Abs. 1 Satz 1 SGB I: „Das Recht des Sozialgesetzbuchs soll zur Verwirklichung sozialer Gerechtigkeit und sozialer Sicherheit Sozialleistungen einschließlich sozialer und erzieherischer Hilfen gestalten."

[6] Nach *Carl Schmitts* Diktum (Der Begriff des Politischen, 6. Aufl., 4. Ndr. d. Ausgabe v. 1932, S. 55): „Wer Menschheit sagt, will betrügen."

[7] *Mayer* (Fn. 1), S. 82.

[8] Statt aller: *Andreas Fischer-Lescano*, Wozu Rechtsphilosophie?, JZ 2018, S. 161 (162): „Dass zwischen Recht und Gerechtigkeit eine unüberwindbare Kluft liegt, ... hat gerade auch die deutschsprachige Rechtsphilosophie in der Tradition Immanuel Kants betont".

[9] *Mayer* (Fn. 1), S. 82. Hierzu der Hinweis *Karl Engischs* (Auf der Suche nach der Gerechtigkeit, 1971, S. 182), dass Mayer hier die individualisierende Gerechtigkeit, die Billigkeit, vor Augen habe.

leben in einer dicht gewobenen, konstitutionalisierten, insbesondere grundrechtsgesättigten, durch Individualrechtsschutz geprägten Rechtsordnung. Gerechtigkeit ist längst zu Grundrechten, Grundrechte sind zur Verhältnismäßigkeit, Verhältnismäßigkeit ist zur Angemessenheit kleingearbeitet.[10] Die Rematerialisierungstendenzen im Recht,[11] insbesondere die Materialisierung des Zivilrechts[12] könnten eine weitere Hintertür – oder ein Scheunentor – für den Einzug materialer Gerechtigkeit ins geltende Recht sein, ohne dass es der Berufung auf sie bedürfte. Wir sprechen von Schutzwürdigkeit, Vertrauen, Treu und Glauben und immer wieder von den Grundrechten, so dass wir von Gerechtigkeit nicht zu sprechen brauchen.

Drittens scheint uns Gerechtigkeit als Argument nicht nur entbehrlich, sondern auch gefährlich: da unterkomplex oder rein formal[13] ein beliebig auffüllbares und damit letztlich unkontrollierbares Rahmenkonzept:[14] „Der pro-

---

[10] Auf europäischer und internationaler Ebene wirken Konzepte wie „gute Verwaltung“ (Art. 41 GRCh) oder „good governance“.

[11] Überblicksartig: *Franz Reimer*, Qualitätssicherung. Grundlagen eines Dienstleistungsverwaltungsrechts, 2010, S. 294 ff.

[12] Vgl. bspw. *Claus-Wilhelm Canaris*, Wandlungen des Schuldvertragsrechts, in: AcP 200 (2000), S. 273 ff.; *Marietta Auer*, Materialisierung, Flexibilisierung, Richterfreiheit, 2005, insbes. S. 22 ff.

[13] Statt aller: *Hans Kelsen*, Das Problem der Gerechtigkeit, in: ders., Reine Rechtslehre, 2. Aufl. 1960, S. 357 ff.; behutsamer *Engisch* (Fn. 9), S. 178 ff., 246 ff.

[14] *Carsten Bäcker*, Gerechtigkeit im Rechtsstaat. Das Bundesverfassungsgericht an der Grenze des Grundgesetzes, 2015, S. 316: „Als rechtliches Argument ist die Gerechtigkeit insoweit entbehrlich, wie sie in positives Recht transformiert ist – und insoweit gefährlich, wie sie nicht in positives Recht transformiert ist.“

fessionelle Jurist [...] zögert, auch nur das Wort Gerechtigkeit zu verwenden, weil es ihm unsicher, unklar, vieldeutig erscheint und er sich vor den Implikationen des Begriffs fürchtet, die er nicht übersieht."[15] Gerechtigkeit ist also auch insoweit ein verschwiegenes Argument, als sie verschweigt, worauf es ankäme: auf welchen und auf wessen Gerechtigkeitsbegriff, auf welche Perspektive, auf welches Kriterium. Viel spricht für einen Rückzug auf das geltende Recht. Folgerichtig geloben in Österreich, der Heimstatt des Rechtspurismus, die Richteramtsanwärter:

„[...] daß ich die in der Republik Österreich geltende Rechtsordnung unverbrüchlich beachten und meine ganze Kraft in den Dienst der Republik stellen werde."[16]

Dennoch macht der Befund stutzig. Muss Gerechtigkeit dem Recht als jener „Wirklichkeit, die den Sinn hat, der Gerechtigkeit zu dienen" (um Gustav Radbruch zu

---

[15] *Josef Isensee*, Gerechtigkeit – die vorrechtliche Idee des richtigen Rechts. Streiflichter auf ein ewiges Thema, in: F. Kirchhof / H.-J. Papier / H. Schäffer (Hrsg.), Rechtsstaat und Grundrechte, FS Merten, 2007, S. 3 (5).

[16] So die Formel der Pflichtenangelobung der Richteramtsanwärter gem. § 5 Bundesgesetz über das Dienstverhältnis der Richterinnen und Richter, Staatsanwältinnen und Staatsanwälte und Richteramtsanwärterinnen und Richteramtsanwärter (Richter- und Staatsanwaltschaftsdienstgesetz – RStDG). In der Schweiz sind diese Fragen kantonal geregelt, oft ohne gesetzliche Festlegung des Gelübdetextes (vgl. bspw. für Basel-Stadt § 58 Sätze 2 und 3 des Gesetzes betreffend die Organisation der Gerichte und der Staatsanwaltschaft [Gerichtsorganisationsgesetz, GOG] v. 3.6.2015: „Die Mitarbeiterinnen und Mitarbeiter der Gerichte haben vor dem Stellenantritt ihrer vorgesetzten Person ein Handgelübde abzulegen. Den Inhalt des Handgelübdes sowie die Einzelheiten der Ablegung bestimmt der Gerichtsrat").

zitieren[17]) nicht ein immer relevantes Anliegen und ein stetes Kontrollkriterium sein, „die Regel der Regeln des Rechts“[18]? *Deutsche* Richter schwören nach § 38 Abs. 1 DRiG,

> „das Richteramt getreu dem Grundgesetz für die Bundesrepublik Deutschland und getreu dem Gesetz auszuüben, nach bestem Wissen und Gewissen ohne Ansehen der Person zu urteilen und nur der Wahrheit und Gerechtigkeit zu dienen, so wahr mir Gott helfe.“[19]

Dieser Eid spiegelt eine gesellschaftliche Erwartung an das Recht und die Rechtsverwirklichung[20] wider, die man nicht einfach übergehen sollte.[21] Aber vielleicht

---

[17] *Gustav Radbruch*, Rechtsphilosophie, 3. Aufl. 1932, Studienausgabe 1999, S. 37. Ähnlich *Matthias Mahlmann*, Konkrete Gerechtigkeit, 3. Aufl. 2017, § 1 Rn. 32: „Denn wer an Recht denkt, wird regelmäßig nicht nur an eine irgendwie geartete Ordnung menschlicher Verhaltensweisen denken, sondern an eine Ordnung, in der Gerechtigkeit eine konstitutive Rolle spielt.“ – Aber Recht ist keineswegs nur auf materiale Gerechtigkeit ausgerichtet, s. u. III.

[18] *Isensee* (Fn. 15), S. 7

[19] Bundespräsident, Bundeskanzler und Bundesminister schwören nach Art. 56 Satz 1 (i. V. m. Art. 64 Abs. 2) GG, „Gerechtigkeit gegen jedermann“ zu üben.

[20] Parallel für die zweite Gewalt: Beamtinnen und Beamten haben ihre Aufgaben nach § 33 Abs. 1 Satz 2 BeamtStG (sowie § 60 Abs. 1 Satz 2 BBG) „unparteiisch und gerecht zu erfüllen“, instruktiv hierzu *Josef Franz Lindner*, Der Gerechtigkeitsauftrag des Beamten, ZBR 2016, S. 1 ff.

[21] Nachdrücklich (für Gerichtsverfahren) *Rolf Gröschner*, Das Verhältnis zwischen Theorie und Praxis in einer dialogisch rekonstruierten Techne der Jurisprudenz, RTh 32 (2001), S. 213 (221): „Richterliche Verantwortung wird daher im ursprünglichen Sinne des Verantwortungsbegriffs durch Antwort erfüllt: durch Antwort auf den lebensweltlichen Gerechtigkeitsanspruch der Prozeßbeteiligten in einem – um es möglichst bündig zu sagen – Gerechtigkeitsdialog.“

dienen auch in Deutschland Richter „der Wahrheit und Gerechtigkeit" gerade dadurch, dass sie Grundgesetz und einfaches Recht anwenden? Mediatisieren die Normen mit anderen Worten die Gerechtigkeit, so dass Gerechtigkeit allenfalls ein richterethisches Gebot wäre? Brisant wird die Frage und brisant wird umgekehrt die Berufung auf Gerechtigkeit im emphatischen Sinne, nämlich auf materiale Gerechtigkeit (und nur dieser Faden soll nun weiterverfolgt werden), durch drei mögliche Frontstellungen:

1. Die Berufung auf Gerechtigkeit kann *ungeschriebene* Gesichtspunkte gegen *geschriebene* in Stellung bringen, was gerade in einer hyperpositivierten Rechtsordnung interessiert.

2. Sie kann vermeintlich *ethische* Gesichtspunkte gegen vermeintlich *technische* in Stellung bringen, was im Zeitalter der (vermeintlichen oder wirklichen) Alternativlosigkeiten und Sachzwänge reizvoll sein mag.

3. Sie kann *individuelle* Forderungen gegen *kollektive* in Stellung bringen, was in einer sich weiter pluralisierenden Gesellschaft die Frage aufwirft: *Quot homines, tot iustitiae*?

Daher ist Gerechtigkeit in mehrfachem Sinne eine Methodenfrage und sind Methoden Gerechtigkeitsfragen. Gerechtigkeit wird im Folgenden als materiale Gerechtigkeit[22] und Methoden als bewusste Vorgehensweisen, als

---

[22] D.h. Richtigkeit in Verteilung und Ausgleich, so zutreffend *Robert Alexy*, Giustizia come correttezza, Ragion Pratica 9 (1997), S. 105*; *ders.*, Hauptelemente einer Theorie der Doppelnatur des Rechts, ARSP 95 (2009), S. 151 (153 Fn. 11). Dass daneben Gerechtigkeit eine Tugend, d.h. eine personale Qualität ist, hat Bedeutung für die rechtsanwendenden Personen (→ III.1).

reflektierte Zielverfolgung[23] verstanden. Gegenständlich soll eine Beschränkung auf Rechtsanwendung, Rechtsfortbildung und Rechtswissenschaft greifen, also die besonders interessante, akademisch aber immer noch vernachlässigte Recht*setzung* ausgeschlossen werden.[24] Im Bewusstsein, dass ein selektiver Zugriff unvermeidlich ist, soll das Hauptaugenmerk drei Punkten gelten: dem Verhältnis von Gerechtigkeit und Recht (II.), der Relevanz von Gerechtigkeit in der Rechtsanwendung (III.) und dem Methodenbedarf der Gerechtigkeit (IV.).

II. Die Dialektik von Gerechtigkeit und Recht

1. Effektuierung von Gerechtigkeit durch das Recht

Recht ist die „Wirklichkeit, die den Sinn hat, der Gerechtigkeit zu dienen".[25] Diese Beschreibung formuliert zutreffend eine beherrschende und berechtigte gesellschaftliche Erwartung an das Recht. Gerechtigkeit wird damit nicht zum erschöpfenden, wohl aber zum spezifischen Rechtsprinzip erklärt.[26] Recht ist ein Instru-

[23] Näher *Franz Reimer*, Juristische Methodenlehre, 2. Aufl. 2020, Rn. 14.

[24] Hier scheinen die gängigen deutschen Werke einen Schwerpunkt auf Gesetzgebungstechnik zu legen, vgl. stellvertretend *Winfried Kluth* und *Ulrich Smeddinck*, in: *Kluth/Krings* (Hrsg.), Gesetzgebung, § 1 und 3. Für die Schweiz vgl. *Georg Müller/Felix Uhlmann*, Elemente einer Rechtssetzungslehre, 3. Aufl. 2013, Rn. 72 zu Sachgerechtigkeit und Fairness.

[25] *Radbruch* (Fn. 17). Ähnlich *Josef F. Lindner*, Rechtswissenschaft als Gerechtigkeitswissenschaft, RW 2011, S. 1 (6): „Die Verwirklichung von Gerechtigkeit ist der Auftrag des Rechts".

[26] *Radbruch* (Fn. 17), S. 37.

ment der Gerechtigkeit: Recht soll Gerechtigkeit ins Werk setzen. Und da Methodik helfen soll, Recht ins Werk zu setzen, hat auch Methodik teil am Gerechtigkeitsauftrag des Rechts.[27] Juristische Methodenlehre zielt auf „Gerechtigkeit durch Verfahren".[28] Methodenlehre sorgt für Gerechtigkeit, indem sie versucht, zu methodischem, d.h. sachangemessenem, gleichen, nicht willkürlichem Vorgehen beizutragen.[29] Gleiches gilt für die – von der Methodik anderslautenden Gerüchten[30] zum Trotz gut unterscheidbare[31] – Dogmatik: Als Grammatik des Rechts dient auch sie der Gerechtigkeit.[32]

---

[27] So auch *Thomas M.J. Möllers*, Juristische Methodenlehre, 2. Aufl. 2019, § 1 Rn. 97: „Methodik soll letztlich zu einer gerechten Entscheidung führen". Diff. *Rolf Wank*, Juristische Methodenlehre, 2020, § 1 Rn. 3 ff., § 11 Rn. 68 f., 116.

[28] *Möllers* (Fn. 27), § 1 Rn. 111.

[29] Näher und diff. zu den Aufgaben juristischer Methodenlehre *Franz Reimer*, Was ist die Frage, auf die die Juristische Methodenlehre eine Antwort sein will?, in: ders. (Hrsg.), Juristische Methodenlehre aus dem Geist der Praxis?, 2016, S. 11 (14 ff.).

[30] *Jannis Lennartz*, Dogmatik als Methode, 2017.

[31] Vgl. einerseits *Christian Bumke*, Rechtsdogmatik, 2017, S. 116: „Die juristische Methode existiert nur in Form impliziten normativen Wissens. Sie zu explizieren ist eine der Aufgaben einer Theorie der Rechtsdogmatik."; andererseits *Rüdiger Rubel*, Richterliche Entscheidungsroutinen als Gegenstand und Leitfaden Juristischer Methodenlehre: verwaltungsrichterliche Perspektiven, in: Reimer (Hrsg.), Geist (Fn. 29), S. 91 (93): „Dogmatik ist geronnene Juristische Methodik, angewandt auf konkrete Gesetzeslagen."; *Reimer* (Fn. 23), Rn. 14 m. w. N.

[32] *Möllers* (Fn. 27), § 9 Rn. 8a.

a) Inkorporation oder Exklusion von Gerechtigkeit?

Das Recht könnte aber nicht nur eine immanente Teleologie auf Gerechtigkeit hin haben, sondern die (oder besser: eine) Gerechtigkeit inkorporieren, sie explizit oder implizit, durch statische oder dynamische Verweisung zu einem Bestandteil der Rechtsordnung erklären. Im Verfassungsrecht der Bundesrepublik könnte die Gerechtigkeit konkret als Subprinzip des Rechtsstaatsprinzips Eingang in das Grundgesetz gefunden haben. In diese Richtung hat sich das Bundesverfassungsgericht wiederholt geäußert,[33] und die Bindung an „die verfassungsmäßige Ordnung",[34] besonders aber an „Gesetz und Recht" nach Art. 20 Abs. 3 GG bietet einen Ansatzpunkt hierzu.[35] Fraglich ist, ob man dem Verfassunggeber eine solche Inkorporation unterstellen kann. Denn sie wäre eine weitreichende dyna-

[33] Bspw. BVerfGE 7, 89 (92): „Zur Rechtsstaatlichkeit gehört nicht nur die Voraussehbarkeit, sondern auch die Rechtssicherheit und die materielle Richtigkeit oder Gerechtigkeit."; ferner BVerfGE 7, 294 (196); 22, 322 (329); 35, 41 (47); 74, 129 (152); 133, 168 (198); aus jüngster Zeit BVerfG, 2. Kammer des 2. Senats, Beschl. v. 5.7.2019, 2 BvR 167/18, Rn. 38; zum Ganzen *Gerhard Robbers*, Gerechtigkeit als Rechtsprinzip, 1980, S. 23 ff., und *Bäcker* (Fn. 14), insbes. S. 193 ff.; verfassungstheoretisch *Uwe Volkmann*, Grundzüge einer Verfassungslehre, S. 41 ff. (S. 41: „Wird in der Verfassung, wie es dem heute vorherrschenden Begriff entspricht, eine gute und gerechte Ordnung des Staates oder des Gemeinwesens gesehen, ist der erste und allgemeinste Anspruch, den sie erhebt, ein prinzipieller Gerechtigkeitsanspruch.").

[34] Hierzu mit Blick auf überpositive Maßstäbe *Gerhard Robbers*, in: BK, Art. 20 Rn. 3256 ff.

[35] Konziser Überblick über die verschiedenen Positionen bei *Bäcker* (Fn. 14), S. 122 ff.

mische Verweisung auf außerrechtliche Gehalte[36] und als solche riskant.[37] Gerechtigkeit wünschen wir uns nicht als Schleusenbegriff[38] im Recht, d.h. als trojanisches Pferd im positiven Verfassungsrecht.[39] Gute Gründe sprechen daher für die „These von der Gerechtigkeitsexklusion"[40] oder die im Ergebnis verwandte „These von der konstitutionalisierten Gerechtigkeit"[41], wonach die Gerechtigkeit „im Rahmen des GG durch die und in den Regelungen des GG umfassend konstitutionalisiert" ist.[42] Indes muss sich die These mit der Rückfrage auseinandersetzen, ob sie nicht unhistorisch ist. Bejaht man die Vorfrage nach der Relevanz historisch-genetischer Argumente für die Norm- und insbesondere Verfassungsauslegung,[43] er-

---

36 *Isensee* (Fn. 15), S. 7: Gerechtigkeit „ist Idee. Als solche ist sie nicht Teil des positiven Rechts, das sie zu leiten beansprucht. Vielmehr geht sie dem positiven Recht voraus. Sie bildet die Regel der Regeln des Rechts."

37 *Bäcker* (Fn. 14).

38 Formulierung: *Ernst-Wolfgang Böckenförde*, Die Eigenart des Staatsrechts und der Staatsrechtswissenschaft, in: ders., Staat, Verfassung, Demokratie, 2. Aufl. 1992, S. 26.

39 *Bäcker* (Fn. 14), S. 7, 114.

40 *Bäcker* (Fn. 14), S. 245 ff., 311 ff.; in der Sache wohl auch *Isensee* (Fn. 15), S. 12 („Ausklammerung der Gerechtigkeitsfrage durch Vorkehrungen des Verfassungsstaates") und S. 18 f.

41 *Karl-Peter Sommermann*, in: von Mangoldt / Klein / Starck (Hrsg.), GG, Bd. 2, 5. Aufl. 2005, Art. 20 Rn. 267.

42 *Bernd Grzeszick*, in: Maunz / Dürig, GG, Art. 20 VI Rn. 69 unter Hinweis auf *Karl-Peter Sommermann* (vgl. Fn. 41).

43 Wie (mit Unterschieden im Einzelnen) bspw. *Eberhard Baden*, Gesetzgebung und Gesetzesanwendung im Kommunikationsprozess, 1977, S. 209 ff.; *Hans-Joachim Koch / Helmut Rüßmann*, Juristische Begründungslehre, 1982, S. 166 ff., 176 fff.; *Dirk Looschelders / Wolfgang Roth*, Juristische Methodik im Prozeß der Rechtsanwendung, 1996, S. 28 ff., 153 ff.; *Matthias Jestaedt*, Grundrechtsentfaltung im Gesetz, 1999, S. 328 ff.; *ders.*, Wie das Recht,

scheint die These von der Gerechtigkeitsexklusion nicht überzeugend.[44] Ihrem Anliegen lässt sich aber auch durch eine Differenzierung Rechnung tragen: Soweit der Verfassunggeber (oder verfassungsändernde Gesetzgeber) Festlegungen getroffen hat, sind diese bindend und genießen Vorrang; Gerechtigkeit darf nicht gegen das positive Verfassungsrecht ausgespielt werden.[45] Soweit der Verfassunggeber keine Festlegungen getroffen hat, sind Legislative und, soweit diese ihrerseits keine Festlegungen getroffen hat, Exekutive und Judikative frei, und zwar frei auch in der Wahl konkreter Gerechtigkeitskriterien. Alle Rechtsanwender „haben einen ergänzenden, keinen konkurrierenden Auftrag zur Verwirklichung von Gerechtig-

---

so die Auslegung, ZÖR 55 (2000), S. 133 ff.; *Franz Reimer*, Verfassungsprinzipien, 2001, S. 136 ff.; *ders.* (Fn. 23), Rn. 251 ff.; *Joachim Rückert / Ralf Seinecke*, Zwölf Methodenregeln für den Ernstfall, in: dies (Hrsg.), Methodik des Zivilrechts – von Savigny bis Teubner, 3. Aufl. 2017, Kap. II Rn. 52 ff.; *Heiko Sauer*, Juristische Methodenlehre, in: Julian Krüper (Hrsg.), Grundlagen des Rechts, 3. Aufl. 2017, § 9 Rn. 30 f.; nach Alter der Norm differenzierend *Wank* (Fn. 27), § 6 Rn. 161 ff.; für eine „Vereinigungstheorie" *Möllers* (Fn. 27), § 6 Rn. 79.

[44] Bereits der Herrenchiemseer Entwurf ging von einem „tiefen Mißtrauen gegenüber einem bloßen Gesetzespositivismus" aus (Verfassungsausschuss der Ministerpräsidenten-Konferenz der westlichen Besatzungszonen, Bericht über den Verfassungskonvent auf Herrenchiemsee vom 10. bis 23. August 1948, S. 20). Gleichsinnig *Gerhard Robbers*, in: BK, Art. 20 Rn. 3258 ff. – Wenig ergiebig zu den Beratungen des Parlamentarischen Rates zu Art. 20 GG JöR n. F. 1 (1951), S. 195 (199) sowie Parlamentarischer Rat, Akten und Protokolle, Bd. XIV/1, 2009, S. 116 ff. und Bd. XIV/2, 2009, S. 1504 f. i. V. m. Bd. 7, 1995, S. 339 ff.; deutlich (aus dem Kontext heraus) aber *Birgit Hoffmann*, Das Verhältnis von Gesetz und Recht, 2003, S. 53 ff., 280 ff.

[45] *Helmuth Schulze-Fielitz*, in: Dreier (Hrsg.), GG, Bd. II, 3. Aufl. 2015, Art. 20 (Rechtsstaat) Rn. 50.

keit."[46] Es gilt mit dem Vorrang der Verfassung und dem Vorrang des Gesetzes ein *Vorrang* der Gerechtigkeitsfestlegungen des geltenden Rechts, aber kein entsprechender *Vorbehalt.*[47] Gerechtigkeit ist damit kein *a limine* unzulässiges Argument, sondern kann von Verfassung wegen eine vernünftige Erwägung des Gemeinwohls sein.[48] Die in der Rechtsanwendung maßgebliche Gerechtigkeit ist also die der Normen des positiven Verfassungsrechts sowie des einfachen Rechts, subsidiär aber möglicherweise auch die der Rechtsanwender. Ein solches Konzept gestufter Gerechtigkeitsverwirklichung ist nicht von vornherein verfassungsrechtlich ausgeschlossen, vielmehr näher auszuloten (II. und III.).

b) Recht und Gerechtigkeit als gegenseitige Möglichkeitsbedingungen

Mit der zitierten Definition des Rechts als „Wirklichkeit, die den Sinn hat, der Gerechtigkeit zu dienen",[49] wird die Instrumentalität des Rechts auf den Begriff gebracht. Darüber hinaus besteht aber ein beidseitiger „Verweisungs-

---

[46] *Stöhr* (Fn. 2), RTh 45 (2014), S. 159 (171) für die Gerichte.

[47] A.A. wohl *Bäcker* (Fn. 14), S. 316: „Das geltende Recht kann den Gerechtigkeitsvorstellungen nur in genau dem Maße entsprechen, in dem die Gerechtigkeit in Recht transformiert ist. Darüber hinaus ist die Gerechtigkeit kein Maßstab des Rechts, sondern ein Maßstab für das Recht. Als rechtliches Argument ist die Gerechtigkeit insoweit entbehrlich, wie sie in positives Recht transformiert ist – und insoweit gefährlich, wie sie nicht in positives Recht transformiert ist."

[48] In diese Richtung für „Lastengerechtigkeit" offenbar BVerwG (Fn. 3).

[49] *Radbruch* (Fn. 17).

zusammenhang zwischen Recht und Gerechtigkeit":[50] Recht verweist (auf eine noch näher herauszuarbeitende Weise) auf Gerechtigkeit, aber Gerechtigkeit verweist auch auf Recht, weil sie ansonsten Utopie bliebe, leerliefe. Insofern sind Recht und Gerechtigkeit „gegenseitige Möglichkeitsbedingungen."[51] Recht ohne Gerechtigkeit ist ziellose Macht, Gerechtigkeit ohne Recht ein machtloses Ziel.

c) Gerechtigkeit – Rechtssicherheit – Zweckmäßigkeit

Allerdings bilden nach der sinnvollen Kategorisierung Gustav Radbruchs neben der Gerechtigkeit auch die Rechtssicherheit und die Zweckmäßigkeit Bestandteile der Rechtsidee.[52] Man könnte bei letzterer auch von Zweckdienlichkeit, Gemeinwohldienlichkeit oder – *horribile dictu* – Nützlichkeit[53] sprechen; gemeint ist die Fähigkeit, politische Anliegen jenseits der Gerechtigkeit zu verwirklichen (etwa die Flüssigkeit des Straßenverkehrs). Daher wäre ein Gerechtigkeitsmonismus von vornherein verfehlt, weil reduktionistisch. Konkret muss nicht jede einzelne Rechtsnorm der Gerechtigkeit (i. e. S.) zu dienen bestimmt sein; Rechtsnormen können vorwiegend oder ganz Rechtssicherheit oder Zweckmäßigkeit anstreben (etwa Ordnungsvorschriften wie das Rechtsfahrgebot

[50] *Rolf Gröschner*, Gerechtigkeit, in: Eric Hilgendorf/Jan C. Joerden (Hrsg.), Handbuch Rechtsphilosophie, 2017, S. 418.

[51] *Fischer-Lescano* (Fn. 8), JZ 2018, 161 (170).

[52] *Radbruch* (Fn. 17), S. 73 f. – Lehrreich hierzu *Thomas Osterkamp*, Juristische Gerechtigkeit, 2004, S. 77 ff.

[53] Instruktiv zum Verhältnis von Gerechtigkeit und Nützlichkeit *Philippe Mastronardi*, Angewandte Rechtstheorie, Bern/Stuttgart/Wien 2009, Rn. 569, 571 ff.

des § 2 Abs. 2 StVO). Dabei hat Rechtssicherheit einen moralischen Eigenwert;[54] sie steht der Gerechtigkeit nicht nur antagonistisch gegenüber, sondern verwirklicht auch Aspekte der Gerechtigkeit.[55] Auch sind Gerechtigkeit und Rechtssicherheit häufig zweckmäßig, etwa indem sie Rechtsfrieden schaffen. Dennoch ist die Unterscheidung der drei genannten Bestandteile der Rechtsidee sinnvoll. Mit Blick auf diese Trias und ihr komplexes Binnenverhältnis erscheint die These von der Doppelnatur des Rechts – einer idealen Dimension, die für das Gerechtigkeitsanliegen steht, und einer realen Dimension, die für die Positivität und damit für das Anliegen der Rechtssicherheit steht[56] – als zu eng. Hier und da wird man die separat zu würdigende Zweckmäßigkeit in einer weit verstandenen Gerechtigkeit, etwa einem Gemeinwohlbezug, aufgehen lassen können; im Grundsatz sind beide Aspekte aber schon deshalb zu unterscheiden, um das Recht nicht zum Durchsetzungsinstrument einer Ethik zu degradieren.

Was folgt aus dem Blick auf die verschiedenen Bestandteile der Rechtsidee? Wenn das Recht Diener *dreier* Herren ist, liegt noch keine Meuterei darin, wenn es sich

---

[54] *Matthias Klatt*, Integrative Rechtswissenschaft. Methodologische und wissenschaftstheoretische Implikationen der Doppelnatur des Rechts, Der Staat 54 (2015), S. 469 (480 unter Hinweis auf *Jürgen Habermas*, Recht und Moral, in: Faktizität und Geltung, 1992, S. 550–551, 560, 563).

[55] BVerfGE 3, 225 (237): Rechtssicherheit gehört „zu den im Grundgesetz getroffenen Grundentscheidungen, die echte Gerechtigkeitspostulate verwirklichen wollen". Tiefergehend zu den gerechtigkeitsinternen Spannungen *Osterkamp* (Fn. 52), S. 80 f.

[56] *Klatt* (Fn. 54), Der Staat 54 (2015), S. 469 ff.; ähnlich bereits *Alexy* (Fn. 22), ARSP 95 (2009), S. 151 ff.

hier und da weigert, die Erwartungen eines dieser Herren zu erfüllen. Ungerechtigkeiten des geltenden Rechts sind also nicht als solche pathologisch.[57] Jede Rechtsordnung muss es aushalten, hier und da als materiell ungerecht empfunden zu werden. Die Ungerechtigkeit einer Norm markiert also nicht schon Korrektur-, sondern zunächst nur Vergewisserungsbedarf.

d) Gerechtigkeiten

Gerechtigkeit hat viele Formen.[58] Grundlegend ist die Unterscheidung zwischen personaler Gerechtigkeit (Gerechtigkeit als Tugend) und institutioneller Gerechtigkeit (Gerechtigkeit als Ordnung).[59] Quer hierzu liegt

---

[57] Vgl. BVerfGE 84, 348 (359) – Lohnsteuerkarte: „Bei der Ordnung von Massenerscheinungen [...] braucht der Gesetzgeber außerdem nicht um die Gleichbehandlung aller denkbaren Einzelfälle besorgt zu sein. Er ist hier vielmehr berechtigt, von einem Gesamtbild auszugehen, das sich aus den ihm vorliegenden Erfahrungen ergibt [...]. Auf dieser Grundlage darf er generalisierende, typisierende und pauschalierende Regelungen verwenden, ohne allein schon wegen der damit unvermeidlich verbundenen Härten gegen den allgemeinen Gleichheitssatz zu verstoßen [...]. Die Typisierung setzt allerdings voraus, daß die durch sie eintretenden Härten und Ungerechtigkeiten nur eine verhältnismäßig kleine Zahl von Personen betreffen und der Verstoß gegen den Gleichheitssatz nicht sehr intensiv ist. Wesentlich ist ferner, ob die Härten nur unter Schwierigkeiten vermeidbar wären; hierfür sind auch praktische Erfordernisse der Verwaltung von Gewicht [...]."

[58] Vgl. *Reimer*, Methodenlehre (Fn. 23), Rn. 533.

[59] Klare Gegenüberstellung bei *Gröschner* (Fn. 50), S. 420, 422: „Personale Gerechtigkeit als Grundbegriff der Rechtsethik" – „Institutionelle Gerechtigkeit als Leitidee der Staatsphilosophie [...] Dort ist Gerechtigkeit ein Tugendbegriff, hier ein Ordnungsbegriff [...]."

die Unterscheidung zwischen formaler und materialer Gerechtigkeit. Zu formaler Gerechtigkeit wird man auch die so wichtige Zeitgerechtigkeit zählen müssen.[60] Innerhalb der materialen Gerechtigkeit wird man zwischen der Dimension der Gleichbehandlung[61] und der Dimension der Billigkeit, d.h. zwischen generalisierender und individualisierender Gerechtigkeit unterscheiden müssen; die Reduktion von Gerechtigkeit auf Einzelfallgerechtigkeit ist ein Reduktionismus. Gerechtigkeit kann positiv verstanden werden – oder aber (mit Peter Noll) negativ, als Unungerechtigkeit;[62] das Anspruchsniveau ist danach ganz unterschiedlich. Der Gerechtigkeitsbezug des Rechts, der auf den ersten Blick so prägend erscheint, ist also zu *relativieren* und zu *differenzieren*. Er ist aber auch zu *pluralisieren*: Recht muss nicht gerade *meiner* Vorstellung von Gerechtigkeit folgen.[63] Die Frage des „Quis iudicabit?" stellt sich auch bezüglich der Gerechtigkeit.[64] Daher entscheidet die Gerechtigkeitsvorstellung des Normsetzers; er

[60] Zu ihr (als „Synchronizität") *Stephan Kirste*, Die Zeitlichkeit des positiven Rechts und die Geschichtlichkeit des Rechtsbewußtseins, 1998/2019, S. 379 ff.

[61] Vgl. BVerfGE 84, 90 (121); 133, 168 (198): Das Rechtsstaatsprinzip enthalte als eines der grundlegenden Gerechtigkeitspostulate den Grundsatz der Rechtsgleichheit.

[62] *Peter Noll*, Diktate über Sterben und Tod, S. 231: „Ungerechtigkeit ist das Ursprüngliche, Gerechtigkeit das Ergebnis von Kritik und Reflexion. Gerechtigkeit müsste also heissen: Unungerechtigkeit." Zum epistemischen Vorrang der Unungerechtigkeit s. u. IV.1.

[63] Zu den Rechtsgefühlen in pluralen Gesellschaften *Thorsten Keiser/Franz Reimer* (Hrsg.), Rechtsgefühle, i. V.

[64] Dies spricht aber nicht gegen die begriffliche Ausrichtung von Recht auf Gerechtigkeit. Eine Normenordnung ohne Gerechtigkeitsanspruch (wie und von wem auch immer „Gerechtigkeit" dabei bestimmt wird) verdient keine nähere rechtswissenschaftliche Beschäftigung (und zwar ganz unabhängig von jeder Positionierung im

transformiert sie für konkrete Sachgebiete und Problemgruppen in Recht: „Vermag niemand festzustellen, was gerecht ist, so muß jemand festsetzen, was rechtens sein soll."[65] Diese Sentenz – oder ein fatalistisches „*Tot homines, quot iustitiae.*" – verschweigt freilich, dass man häufig gemeinsam festzustellen vermag, was *un*gerecht ist. Der Verurteilung eines Beschuldigten, der die vorgeworfene Tat zur Überzeugung des Gerichts nicht begangen hat, ist ungerecht; für Pluralismus ist hier kein Raum. Das Beispiel illustriert, dass es bei allen Subjektivismen in den Gerechtigkeitsvorstellungen auch einen beträchtlichen gemeinsamen Gerechtigkeits- / Ungerechtigkeitskorridor gibt.[66]

Gerechtigkeit ist damit – zusammen mit Rechtssicherheit und Nützlichkeit – eine Motivation und ein Fluchtpunkt von Recht, und sie ist aus Sicht des Normgebers in das geltende Recht bereits eingearbeitet.[67] Das bedeutet, dass Recht Gerechtigkeit mediatisiert.

Positivismusstreit), und sie erscheint als absurd; so zu Recht *Alexy* (Fn. 22), ARSP 95 (2009), S. 151 (153).

[65] *Radbruch*, Rechtsphilosophie, 8. Aufl. 1973, S. 175.

[66] Und darauf deuten auch die Erkenntnisse von Sozialpsychologie und *behavioural economics*, etwa die Ergebnisse des Diktatorspiels, vgl. bspw. *Christoph Engel*, Dictator games: A meta study, in: Experimental Economics 14 (2011), S. 583 ff. (584: „It by now is undisputed that human populations are systematically more benevolent than *homo oeconomicus.*"; differenzierende Schlussfolgerungen: S. 606 f.). Zu interkulturellen Aspekten von Gerechtigkeit vgl. *Susanne Jodlbauer/Bernhard Streicher*, in: Mario Gollwitzer u. a. (Hrsg.), Soziale Gerechtigkeit, 2013, S. 175 ff. – Auch konstruktiv bedeutet das Fehlen einer Letztbegründung in Gerechtigkeitsfragen nicht das Fehlen eines Mindestmaßes an Übereinstimmung in wesentlichen Grundsätzen der Gerechtigkeit; hierzu zutreffend *Lindner* (Fn. 20), ZBR 2016, S. 1 (3).

[67] So die treffende Formulierung bei *Johann Braun*, Aspekte der Rechtsanwendung, ARSP 105 (2019), S. 44 (50): Die praktischen Ju-

2. *Mediatisierung von Gerechtigkeit durch Recht*

Recht mediatisiert Gerechtigkeit, d.h. es statuiert und konkretisiert die Gerechtigkeitsvorstellungen des Normsetzers. Dies spricht gegen einen Durchgriff auf Gerechtigkeitsargumente in der Rechtsanwendung; denn auch insoweit hat der Normsetzer bereits entschieden und die Konflikte gelöst. So sieht es mit verschiedenen Begründungen der Großteil der methodologischen Literatur: Nach *Larenz* darf der Richter

„nicht in das Gesetz hineinlegen, was er aus ihm herauszuholen wünscht. Ein solches Verfahren wäre auch im Sinne des Strebens nach Gerechtigkeit nur dann unbedenklich, wenn der Richter in jedem Fall von vornherein wissen könnte, was hier die gerechte Entscheidung ist. Dem ist gewiß nicht so. Weder das Rechtsgefühl (Isay) noch das Vorverständnis des Richters (Esser), noch allgemeine „vernunftrechtliche Erwägungen" (Kriele) sind ein sicherer Wegweiser, der den ‚Umweg' über das recht verstandene Gesetz unnötig machen könnte. Hinzu kommt, daß das Gesetz in manchen Materien mit guten Gründen der Rechtssicherheit, der Zweckmäßigkeit oder der Praktikabilität den Vorrang vor der Fallgerechtigkeit gibt. Auch über die darin liegende Wertentscheidung des Gesetzgebers darf sich der Richter nicht einfach hinwegsetzen."[68]

Nach *Rüthers*, *Fischer* und *Birk* verfügt die Methodenlehre „nicht über materiale Kriterien der Gerechtigkeit".[69] Zur Begründung fügen sie an: „Als Theorie der praktischen

---

risten „gehen nämlich von der stillschweigenden Annahme aus, daß das, was die Gerechtigkeit verlangt, in die Relation von Tatbestand und Rechtsfolgeanordnung bereits eingearbeitet worden ist."

[68] *Larenz* (Fn. 2), S. 348 f.

[69] *Bernd Rüthers/Christian Fischer/Axel Birk*, Rechtstheorie, 10. Aufl. 2018, Rn. 993.

Rechtsanwendung ist die juristische Methodenlehre auf die Verwirklichung, nicht auf die Abwehr der in der Rechtsgemeinschaft normativ verfestigten Rechts- und Wertvorstellungen gerichtet." Nach *Looschelders* und *Roth* führt der „Rückgriff auf die (objektive) ‚Idee der Gerechtigkeit' [...] unweigerlich zu der Frage, wessen (subjektive) Sicht für die Entscheidung maßgeblich sein soll, was in concreto der Gerechtigkeit am besten entspricht: die des Gesetzgebers, die (der Mehrheit) des Volkes oder die des Richters."[70] Doch sei es Aufgabe des demokratisch legitimierten Gesetzgebers, die Gerechtigkeit „in bezug auf die je vorhandene Gesellschafts- und Staatsordnung zu konkretisieren, und zwar durch den Erlaß von Gesetzen."[71] Nach *Strauch* geht es in der Rechtsprechung „auch um Gerechtigkeit. Aber diese kann nicht nach den Maßstäben des Problem- und Gerechtigkeitsverständnisses des einzelnen Richters gewährleistet sein. Die Entscheidung über das, was gerecht ist, ist eine Entscheidung, die in einem demokratischen Rechtsstaat zunächst nur im und vom Rechtssystem (Gesetzgebung und Rechtsprechung) getroffen werden kann."[72] Nach *Thomas M.J. Möllers* sind Rechtsideen wie Gerechtigkeit nicht unmittelbar aus dem Gesetz ableitbar,[73] ansonsten seien sie reine Leerformeln.[74] Nach *Wank* bezieht sich die Methodenlehre „[n]ur in begrenztem Maße [...] auf Inhalte.

[70] *Looschelders/Roth* (Fn. 43), S. 35.

[71] *Looschelders/Roth* (Fn. 43), S. 35.

[72] *Hans-Joachim Strauch*, Methodenlehre des gerichtlichen Erkenntnisverfahrens. Prozesse richterlicher Kognition, 2017, S. 395; nähere Darstellung mit Blick auf die methodologischen Schlüsselkategorien Akzeptanz und Kohärenz: a.a.O., S. 144ff.

[73] *Möllers* (Fn. 27), § 2 Rn. 120.

[74] *Möllers* (Fn. 27), § 2 Rn. 121 und § 9 Rn. 10.

Gewiss will der Methodenlehrer kein blindes Werkzeug für Ungerechtigkeiten sein. Aber es ist nicht seine Aufgabe, bei einem nicht-ungerechten Gesetz seine politischen oder inhaltlichen Ziele durchzusetzen, vielleicht gar die auf dem parlamentarischen Feld verlorene Schlacht im Nachhinein auf dem Feld der Methodenlehre zu gewinnen."[75] Wieder anders heißt es: „In der arbeitsteiligen, auf gerechtfertigtes Vertrauen setzenden Rechtsordnung des liberalen und demokratischen Rechtsstaats kann die Antwort nur heißen: bis zum Beweis des Gegenteils [...] müssen die in der Norm niedergelegten Gerechtigkeitsvorstellungen des demokratisch legitimierten Normsetzers zugrunde gelegt werden, es sei denn, dieser delegiere die Entscheidung auch insoweit an den Rechtsanwender."[76]

Kurz: Die ganz herrschende Meinung erkennt an, „dass aus den Grundwerten oder Rechtsideen wie Gerechtigkeit oder Frieden nicht unmittelbar der einzelne Fall entschieden werden kann".[77] All das ist verständlich in einer Rechtsordnung, die für sich in Anspruch nimmt, auf einer „objektive[n] Wertordnung" zu basieren, mehr noch: von dieser „Richtlinien und Impulse" zu empfangen,[78] also durchaus auch Maßgaben für konkrete Fallentscheidungen. Hier lassen sich Gerechtigkeitsanliegen

[75] *Wank* (Fn. 27), § 1 Rn. 8. Näher zur methodischen Relevanz dann § 11 Rn. 68 f., 116.

[76] *Reimer* (Fn. 23), Rn. 532.

[77] *Möllers* (Fn. 27), § 2 Rn. 121 unter Verweis auf die Notwendigkeit „einer Konkretisierung, oft auch einer Abwägung verschiedener Prinzipien. Die allgemeinen Rechtsgrundsätze haben dabei oft eine ‚Lücken- und Verstärkerfunktion'."

[78] BVerfGE 7, 198 (205).

in die objektive Wertordnung projizieren.[79] Ansonsten aber liegt in der Mediatisierung der Gerechtigkeit durch das Recht die Versuchung einer Immunisierung gegen Gerechtigkeitsargumente, die Gefahr einer Verpanzerung, über die nachzudenken ist (III.).

III. Gerechtigkeit in der Rechtsanwendung

Rechtsanwender sind an das geltende Recht und damit auch an die Gerechtigkeitskriterien des Rechtsetzers gebunden, wie auch immer sie nachvollziehbar Niederschlag in der Norm gefunden haben;[80] sie dürfen nicht ihre „eigene materielle Gerechtigkeitsvorstellung an die Stelle derjenigen des Gesetzgebers" setzen.[81] Insofern besteht ein Gerechtigkeitsvorrang des geltenden Rechts. Aber es besteht kein Gerechtigkeitsvorbehalt (II.1 a): Die Rechtsanwender haben eben einen ergänzenden Auftrag zur Gerechtigkeitsverwirklichung.[82] Gerechtigkeit als einer der Fluchtpunkte des Rechts sollte nicht ausgeblendet werden, und sie lässt sich auch nicht ausblenden. Wollte

---

[79] Umso wichtiger ist eine kontrollierte Anwendung der Normen unterschiedlicher Ebenen anstelle der Behauptung, „im Lichte" des höherrangigen Rechts sei das niederrangige Recht auf diese oder jene Weise auszulegen (*Reimer*, Fn. 23, Rn. 399); wie im Falle der Konformauslegung (*Reimer*, Fn. 23, Rn. 679 ff.) fehlt es hier oft an einer näheren Auseinandersetzung mit dem genauen Regelungsanspruch der höherrangigen Norm.

[80] Insbesondere darf der Wortlaut nicht überschätzt werden, etwa als vermeintliche „Grenze der Auslegung"; näher *Reimer* (Fn. 23), Rn. 310.

[81] So für richterliche Rechtsfortbildung BVerfGE 128, 193 (210), ähnlich BVerfGE 82, 6 (12); BVerfGK 8, 10 (14).

[82] *Stöhr* (Fn. 46).

man diese Tiefendimension des Rechts negieren, so entfiele sie nicht, sondern käme invisibilisiert nur umso stärker und unkontrollierter zur Wirkung.[83] Mag man die Gerechtigkeit auch mit Mistgabeln und Monographien austreiben – sie kommt doch zurück.[84] Dass Recht auch auf Gerechtigkeit zielt, hat von Anfang an[85] Bedeutung für seine Wahrnehmung, Anwendung und Fortbildung. Recht lässt sich nicht verstehen und daher auch nicht sachgerecht (d.h. funktionsgerecht) effektuieren, wenn man seine Gerechtigkeitsfunktion nicht in Rechnung stellt. Dies darf aber eben nicht reduktionistisch geschehen. An drei Beispielen soll deutlich gemacht werden, was das heißen kann oder nicht heißen darf, nämlich anhand der Frage nach der Sachverhaltsarbeit (1.), der Auslegungstheorie (2.) und der Abwägung (3.).

1. Beispiel: Sachverhaltsarbeit

Von der Wahrnehmung und Deutung des Falles hängt die Fallentscheidung mehr ab, als uns ein Gutteil der Methodenlehre glauben machen will.[86] Wahrnehmung und

---

[83] Zahlreiche Beispiele für offene und verdeckte gerichtliche Gerechtigkeitsargumenten: *Stöhr* (Fn. 2), RTh 45 (2014), S. 159 (175 ff.); nach *Eike von Savigny*, Die Überprüfbarkeit der Strafrechtssätze, 1967, S. 92 (hier zit. n. *Stöhr*, S. 180), enthält sogar jedes Werturteil Gerechtigkeitserwägungen.

[84] In Abwandlung des auf *natura* gemünzten Diktums von Horaz, Ep. I, 10, 24: Iustitiam expellas furca, tamen usque recurret. Einige Werkausgaben bevorzugen die Lesart „expelles" (Futur).

[85] Und eben nicht nur als Addition am Schluss des Rechtsfindungsprozesses; zu dieser „Additionsthese" überzeugend *Osterkamp* (Fn. 52), S. 83, 89 ff.

[86] Natürlich ist die Sachverhaltsarbeit eine Aufgabe für die Juristische Methodenlehre, auch wenn dies z.T. blank negiert wird,

Deutung des Falles – der Geschichte, des Sachverhalts – hängen aber häufig von der Gerechtigkeit derer ab, die den Fall zu rekonstruieren haben: von ihrer Bereitschaft und ihrer Fähigkeit, sich auf Andere und Anderes einzulassen, sich in Einzelheiten zu vertiefen, hinzusehen, hinzuhören. Welche Geschichte hat beispielsweise die iranische Frau, die nach Deutschland kommt? Was bedeutet ein Kruzifix, das an der Wand einer bayerischen Volksschule hängt? Was sagt ein Kopftuch, das eine Erzieherin in einer badenwürttembergischen Kindertagesstätte trägt? Die Antworten, die Personen an unterschiedlichen Stellen des Rechtssystems auf derartige Fragen geben, können die „Sache" in unterschiedlich großem Maße treffen oder verfehlen; sie können damit der Person gerecht werden – oder auch nicht.

Die Relevanz der „Fall-Hermeneutik"[87], das Durchschlagen der Fallwahrnehmung auf die Fallentscheidung, ist so wenig diskutiert wie erforscht.[88] Aber sie ist erforschbar, nicht unhintergehbar. Hier liegt ein wichtiges

---

bspw. *Klatt* (Fn. 54), Der Staat 54 (2015), S. 469 (477): „Alle juristischen Methoden lassen sich drei Kategorien zuordnen. Sie gehören entweder zur Auslegung oder zur Rechtsfortbildung oder zur Abwägung." Gegenbeispiele bilden bereits *Larenz*, (Fn. 2), S. 278–311 („Die Bildung und rechtliche Beurteilung des Sachverhalts") und *Jan Schapp*, Methodenlehre des Zivilrechts, 1998, S. 118–122; unter den jüngeren Methodenlehren vgl. *Reimer* (Fn. 23), S. 52–90; *Strauch* (Fn. 72), Teil C, S. 155–285; eher randständig behandelt die Sachverhaltsarbeit *Möllers* (Fn. 27), § 14 II („Erweiterung der Juristischen Methodenlehre um die Fallhermeneutik").

[87] So der treffende Begriff bei *Alexander Hollerbach*, Rechtswissenschaft, in: Staatslexikon, 7. Aufl. 1988, Bd. 4, Sp. 751 (757 f.).

[88] So bereits *Jan Schapp*, Hauptprobleme der juristischen Methodenlehre, 1983, S. 21; vgl. jetzt *Möllers* (Fn. 27), § 14 II. Gehversuche bei *Reimer* (Fn. 23), Rn. 67 ff.

Feld im Niemandsland zwischen Methodenlehre, Prozessrecht und Richterethik brach. Es mag sein, dass ein Gutteil dessen, was insoweit von den Rechtsanwendern zu fordern ist, sich vorerst nicht in Rechtsnormen oder in normartig formulierbare Methodenanforderungen pressen lässt, sondern im Bereich des juristischen Ethos bleibt. Das ist aber eine sekundäre Frage gegenüber der, worauf es bei der Sachverhaltsarbeit ankommt, wie man also den Beteiligten und Betroffenen und der Allgemeinheit bei der Rekonstruktion und Deutung der Geschehensabläufe gerecht wird. Die Qualifikation als Frage des Richterethos lässt das Sachproblem nicht entfallen, und wenn man Methodenlehre nicht sehr eng als Inbegriff von Regeln für Regeln begreift,[89] handelt es sich auch bei diesen Fragen des angemessenen, gerechten Umgangs mit den Tatsachen um methodologische Fragen.

Aber kann Juristische Methodenlehre zu ihnen beitragen? Auf der Hand liegende Forderungen sind: Die Rechtsanwenderin muss sich die eigenen Vorverständnisse von den Personen und Geschehensabläufen bewusstmachen, sich von ihnen in der Weise distanzieren, dass sie sie revidieren kann, sie muss alle *in casu* zumutbar verfügbaren Erkenntnisquellen nutzen, darf sich nicht immunisieren etc. Dass das Banalitäten sind, zeigt gerade den dramatischen Forschungs-, Sensibilisierungs- und Konkretisierungsbedarf. Denn es ist eine der größten Ungerechtigkeiten, die eine Rechtsordnung einer Person zufügen kann: sie in ihren Anliegen, ihrem Handeln, ihrer Identität zu verzerren. Mit den Mitteln des Prozessrechts allein werden sich Ungerechtigkeiten in der Sachverhalts-

[89] Krit. und für Erweiterung plädierend *Reimer* (Fn. 23), Rn. 59–65.

erarbeitung nicht eindämmen lassen. Wenn sie sich aber nicht eindämmen lassen, nützt nach dem Gesetz des schwächsten Gliedes der Kette ein gerechtes *law in the books* wenig: Gerechte Obersätze gehen bei ungerechter Bildung der Untersätze ins Leere. Mit anderen Worten: Bei der Sachverhaltsarbeit ist Gerechtigkeit in Form personaler Gerechtigkeit (Tugend) durchaus eine Methodenfrage – auch wenn die Methodenlehre auf sie noch wenig Antworten parat hat und diese Antworten kein Bündel regelförmiger Sätze sein muss.

2. *Beispiel: Auslegung*

Man wird sich schnell darauf einigen können, dass Gerechtigkeit der Fallentscheidung „kein Auslegungskriterium neben anderen" ist.[90] Ist der Gerechtigkeitsbezug des Rechts aber ein auslegungsrelevanter Faktor? Folgt aus dem Gerechtigkeitsbezug des Rechts etwas für die Auslegung?

a) Gerechtigkeit als Grund für die teleologische Auslegung

Gelegentlich wird die Gerechtigkeit als Argument für die Wahl der sog. objektiven bzw. objektiv-teleologischen Auslegung angeführt.[91] Zur Beantwortung der schwierigen Frage nach der Rangfolge der *canones*[92] könnte dies ein

[90] *Larenz* (Fn. 2), S. 349.

[91] So *Matthias Klatt*, Juristische Hermeneutik, in: Handbuch, S. 224 (226); wohl auch: *ders.*, Integrative Rechtswissenschaft, Der Staat 54 (2015), S. 469 (480).

[92] Hierzu bspw. *Sauer* (Fn. 43), § 9 Rn. 34; *Reimer* (Fn. 23), Rn. 414 f.; *Strauch* (Fn. 72), S. 455 ff.; *Möllers* (Fn. 27), § 14 Rn. 85 ff.

willkommener Beitrag sein. Eine solche Funktion von Gerechtigkeit ist zu unterscheiden von der Frage, ob Gerechtigkeit als ein Argument *in* der Auslegung, insbesondere im Rahmen der teleologischen Auslegung, fungieren kann. Überzeugt die These, die sog. objektive Auslegung diene in besonderer Weise der Gerechtigkeit? Die teleologische Auslegung führt typischerweise zu einer Effektuierung der Gerechtigkeitsvorstellung des Interpreten. Ob sie auch der Durchsetzung der Gerechtigkeitsvorstellung des Normsetzers, der Rechtsgemeinschaft insgesamt, der Beteiligten, Betroffenen oder sonstiger Personengruppen dient, scheint höchst fraglich. Die objektive Auslegung hat keine Prädisposition dafür; im Gegenteil erleichtert sie es den entscheidenden Personen, sich über die in Entstehungsgeschichte, Wortlaut und System der Norm niedergelegten Gerechtigkeitsvorstellungen des Normsetzers hinwegzusetzen.[93] Die teleologische Auslegung ermöglicht dann das, was der Hinweis auf die Mediatisierung der Gerechtigkeit durch das Recht gerade verhindern soll: die Umgehung der Gerechtigkeitsvorstellungen des Normsetzers und ihre eigenmächtige Ersetzung durch die Rechtsanwender. Schon der Gerechtigkeit tut man damit keinen Dienst, geschweige denn der Rechtssicherheit.

Vergröbernd *Lennartz* (Fn. 30), S. 41 ff., insbes. S. 43; „Eine Systematisierung der Rangfolge der Auslegungsmittel gibt es nicht."

[93] Krit. zur objektiv-teleologischen Auslegung in der bundesrepublikanischen Diskussion bereits *Karl Engisch*, Einführung, 1956, S. 95, und seither eine wachsende Zahl von Stimmen, vgl. oben Fn. 43.

b) Gerechtigkeit als Gesichtspunkt in der teleologischen Auslegung

Hiervon strikt zu unterscheiden ist die Rolle, die „Gerechtigkeit" als Gesichtspunkt im Rahmen der teleologischen Auslegung haben kann, wenn denn Raum für eine solche teleologische Auslegung eröffnet ist. Hier wird Gerechtigkeitserwägungen überwiegend[94] großer Raum zugestanden, beispielsweise gefragt, ob bei folgenorientierter Auslegung (als einer Form der teleologischen Auslegung) ein Auslegungsergebnis unbillig sei.[95]

Wann sind solche Gerechtigkeitserwägungen methodologisch überzeugend, wann zurückzuweisen? Zur Beantwortung der Frage hilft es, einen Schritt zurückzutreten.

[94] Bspw. *Larenz* (Fn. 2), S. 333 f. Sehr kritisch dagegen *Rückert/Seinecke*, Zwölf Methodenregeln für den Ernstfall (Fn. 43), Rn. 57 f.: „Wenn es sich um einen gesetzlich vorgegebenen Zweck handelt, bleibt die Auslegung im Rahmen der Gesetzesbindung. Sehr leicht lassen sich aber auch Zwecke behaupten, die keineswegs so klar der gesetzlichen Regelung oder dem anerkannten geltenden Recht zu entnehmen sind. In diesen Fällen kann man mit einem angeblichen „Geist des Gesetzes" gegen seinen Buchstaben argumentieren und so die Gesetzesbindung zu relativieren. [...] Wenn diese Zwecke und Geister die Bühne der Auslegung betreten, ist die Fortbildung des Rechts schon inszeniert. Man muss also bei der teleologischen Auslegung zwei Zwecke unterscheiden, interne und externe. Interne Zwecke, d. h. legale Zwecke, ergeben sich aus Wortlaut, System und Geschichte und wahren die Gesetzesbindung, externe Zwecke, d. h. nicht legale Zwecke, werden dem Gesetz unter vielfältigen Stichworten wie Sachgerechtigkeit, Effektivität, Praktikabilität, Natur der Sache, Bedürfnisse des Rechtsverkehrs, objektives Telos, rechtsethisches Prinzip usw. angedichtet."

[95] Zur Tatsache, dass bei einer Billigkeitskontrolle im Rahmen wirtschaftlicher Betrachtung als Teil folgenorientierter (d. h. teleologischer) Auslegung Gerechtigkeitserwägungen zum Tragen kommen können: *Möllers* (Fn. 27), § 5 Rn. 73.

Die Rechtsordnung ist ein teleologisches Konstrukt, aber ein fragmentarisches und vielstimmiges,[96] gelegentlich kakophones: Jede Norm ist in einen Kontext viel anderer, ebenfalls relevanter Normen eingebettet,[97] die teleologisch divergieren können, und auch die je einzelne Norm ist häufig teleologisch mehrdimensional.[98] In diesem Sinne kann eine Norm auf Gerechtigkeit (in näher zu qualifizierendem Sinne), nach der oben rekapitulierten Trias (II.1. c) aber auch auf Rechtssicherheit und / oder Zweckmäßigkeit zielen. Wer seinen Auslegungsvorschlag daher auf das Argument „Gerechtigkeit" oder „Ungerechtigkeit" gründen will, muss danach zweierlei darlegen: welche Gerechtigkeitsvorstellung hier maßgeblich sein soll, und: dass das Gerechtigkeitsziel in der Norm gegenüber Rechtssicherheit und Zweckmäßigkeit dominiert. Da die teleologische Interpretation die Reflexion von Sach- und von Werterfahrungen erfordert,[99] kann und muss der Interpret auf diese Weise auch das auslegungsleitende Gerechtigkeitsurteil reflektieren und nachvollziehbar machen. Das kann durch Formeln wie „funktionales Äquivalent" eingeleitet werden, die letztlich eine Gerechtigkeitsüberlegung transportieren:[100] Wenn B dieselbe Funktion hat wie A, muss B auch wie A behandelt werden. Gleiches mag auch für Wirkungsargumente gelten. Stets eröffnet dabei ein Gerechtigkeits- oder Ungerechtigkeitsurteil die Argumentation. Es kann hier nicht um Details

---

[96] *Reimer* (Fn. 23), Rn. 5.
[97] *Reimer* (Fn. 23), Rn. 2 f.
[98] Näher *Reimer* (Fn. 23), Rn. 365 ff.
[99] *Michael Potacs*, Rechtstheorie, 2015, S. 170 f.
[100] Am Bsp. eines dogmatischen Begriffs (Eingriff): BVerfGE 148, 40 (51), Rn. 28.

gehen; festzuhalten ist nur: Im Rahmen der teleologischen Auslegung[101] ist der Rekurs auf Gerechtigkeit statthaft,[102] wenn sie denn nichtreduktionistisch verstanden und konkretisiert wird.

c) Gewicht des Arguments „Gerechtigkeit"

Wieviel wiegt das Gerechtigkeitsargument? Dass der Gerechtigkeit häufig moralisches Gewicht oder eine ethische Dimension zugeordnet wird (was für die Gerechtigkeit als Ordnung[103] alles andere als selbstverständlich ist), könnte dazu verführen, dem Argument eine höhere Dignität und Autorität zu geben als anderen Argumenten, zumal mit „Gerechtigkeit" häufig „Altruismus" assoziiert wird. Gerechtigkeit als Trumpf zu verstehen, wäre aber unberechtigt: Gerechtigkeit ist nur *ein* Bestandteil in der Trias der Rechtsidee,[104] und die *in casu* vorgestellte Gerechtigkeit wird nur eine der vielen legitimen Vorstellungen von Gerechtigkeit sein. Das Gewicht des Gerechtigkeitsarguments hängt damit von der Qualität der Begründung

---

[101] Und d.h. auch: in dem Korridor, in dem diese jeweils statthaft ist; zur damit angesprochenen Rangfolgeproblematik vgl. aus der Vielzahl der Stellungnahmen Fn. 92.

[102] So auch *Potacs* (Fn. 99), S. 19, der die historische Auslegung einschließt.

[103] Zur Gegenüberstellung von Gerechtigkeit als Tugend und als Ordnung oben Fn. 59.

[104] Zutreffend *Mastronardi* (Fn. 49), Rn. 578: „Gerechtigkeit ist ebenso wichtig wie Nützlichkeit. Ein allfälliger Vorrang darf nicht abstrakt gesetzt werden, sondern muss sich aus dem Argumentationsprozess im Einzelfall ergeben. [...] Das juristische Urteil entsteht aus der wechselseitigen Konkretisierung von Gerechtigkeit und Nützlichkeit bei der Lösung eines Problems."

ab (IV.); es ist nicht von vornherein größer als das anderer Argumente.

3. *Beispiel: Abwägung*

Am greifbarsten wird der Gerechtigkeitsbezug bei der Abwägung – einem Thema, das in die Methodenlehre(n) nur zögerlich Eingang gefunden hat.[105] Abwägungen sind fast immer gerechtigkeitsrelevant.[106] So versteckt sich hinter der Frage nach der Angemessenheit eines Grundrechtseingriffs in der Regel eine Gerechtigkeitsfrage. Lassen sich solche Abwägungen methodologisch einhegen, so dass Gerechtigkeitsargumente als solche sichtbar und diskutierbar werden? Mir scheint, dass uns die jüngere Praxis des Bundesverfassungsgerichts hier einen Weg weist. Dieses Gericht strukturiert grundrechtliche Abwägungen zum Teil explizit, etwa mit Formeln wie:

„Automatisierte Kraftfahrzeugkennzeichenkontrollen [zur Fahndung nach Personen oder Sachen] sind bei Gesamtsicht Eingriffe von erheblichem Gewicht. Das Eingriffsgewicht mindernd ist einzustellen, dass die Kennzeichenkontrolle im öffentlichen Verkehrsraum stattfindet. [...] Das Eingriffsgewicht erhöhend zeichnen sich solche Kontrollen dadurch aus, dass sie [sich schon ihrem Prinzip nach nicht auf Personen beschränken, die objektiv in einer Gefahrenlage verfangen sind, sondern] sich auf eine unbestimmte Vielzahl von Personen erstrecken, die von vornherein hierzu keinerlei Anlass gegeben haben. Sie können praktisch jede und jeden treffen. Solche Informationserhebungen

---

[105] Vorschläge: *Alexy*, Theorie der Grundrechte, 3. Aufl. 1996, S. 143 ff.; *Reimer* (Fn. 23), Rn. 484 ff.; *Strauch* (Fn. 72), S. 635 ff.; *Möllers* (Fn. 27), S. 331 ff.; *Wank* (Fn. 27), § 12 Rn. 5 ff.

[106] Zuspitzend *Reimer* (Fn. 23), Rn. 484: „Abwägung ist operationalisierte Gerechtigkeit, Gerechtigkeit in Aktion."

haben grundsätzlich eine erhöhte Eingriffsintensität. Weiter fällt belastend ins Gewicht, dass die Maßnahmen verdeckt durchgeführt werden."[107]

Diese Art der Strukturierung von Abwägungen scheint mir richtig und wichtig; auf diese Weise werden Wertungen jedenfalls diskutierbar,[108] und möglicherweise wird am Ende das dezisionistische Moment besonders deutlich. Denn am Ende bleibt (wie *Martin Hochhuth* gezeigt hat) ein Bereich, der nicht dogmatisch und methodisch einhegbar, sondern der persönlichen Entscheidung des Einzelnen anheimgegeben ist:[109] der Raum für eine methodisch nicht erfassbare personale Gerechtigkeit. Es wäre aber reduktionistisch, davon auszugehen, dass Gerechtigkeitsurteile als Werturteile unrettbar dem Subjektivismus anheimfielen.[110] Sie sind vielmehr dem Diskurs und damit einer Plausibilisierung oder Entplausibilisierung zugänglich.

Die drei von mir angesprochenen Felder dienen nur als Beispiele. Gerechtigkeit hat viele weitere methodologische Funktionen bei der Rechtsanwendung. Sie müsste bereits als Kontrollkriterium für jene verborgen steuernde Tätigkeit dienen, die mit dem Begriff „Juristische Begriffsbil-

---

[107] BVerfG, Beschl. v. 18.12.2018, 1 BvR 142/15, Rn. 96 f. und Rn. 98, BVerfGE 150, 244 (283).

[108] Vgl. zum Fall bspw. *Markus Möstl*, Die Beschlüsse des BVerfG zu Kfz-Kennzeichenkontrollen, GSZ 2019, S. 101 (103).

[109] *Martin Hochhuth*, Relativitätstheorie des öffentlichen Rechts, 2000.

[110] In diese Richtung *Kelsen* (Fn. 13), S. 441 f.; zweifelnd und wägend *Engisch* (Fn. 9), S. 246 ff. (286: Wertrelativismus als „schreckliche Wahrheit"); prägnant für Existenz und Relevanz allgemein geteilter Ungerechtigkeitserfahrungen und bestimmter (positiver) Gerechtigkeitsgehalte *Mahlmann* (Fn. 17), § 14 Rn. 8 f.

dung" nur unzureichend umschrieben ist.[111] Gerechtigkeit ist im Übrigen als Frage, Rechercheimpuls und Stoppregel allgegenwärtig:[112] Ein Ungerechtigkeitsgefühl („Störgefühl") oder ein Ungerechtigkeitsurteil wird die Prüfung auf Verfassungswidrigkeit des Auslegungsergebnisses auslösen und damit unter Umständen eine verfassungskonforme Auslegung der Norm „triggern". Es wird häufig auch der Feststellung einer Regelungslücke vorausgehen. Umgekehrt lässt uns ein Gerechtigkeitsgefühl / -urteil im Rahmen der Lückenschließung die Wertungsgleichheit von ungeregeltem und geregeltem Sachverhalt bejahen. Ein Ungerechtigkeitsgefühl / -urteil kann innovierende, ja revolutionierende Wirkung haben, indem es zur Fortentwicklung von Dogmatik und Rechtstheorie zwingt,[113] etc. Gerechtigkeit ist mit anderen Worten methodologisch unentbehrlich – als erstes, nicht als letztes Wort.

IV. Nicht nur Recht, auch Gerechtigkeit erfordert Methode

1. Gerechtigkeitsfindungsmethoden

Nicht nur Recht, sondern auch Gerechtigkeit ist auf Methode angewiesen. Dass *rechtliche* Urteile einer Methode bedürfen, um nicht ungerecht zu sein, ist klar und eine der

---

[111] Weil „-bildung" sowohl (intransitiv) Emergenz wie (transitiv) bewusste Schaffung umfasst; ebenfalls wenig im Blickfeld der Disziplin ist die Begriffs*verwendung*. Zur Konstruktion von Rechtsbegriffen unter Rückgriff auf Savigny nun *Bumke* (Fn. 31), S. 198 ff.

[112] Weitere Beispiele bei *Reimer* (Fn. 23), Rn. 535.

[113] Zu einem folgenreichen Beispiel: *Michael Kunze*, „Lieber in Gießen als irgendwo anders ...", 2018, S. 23 ff.

Grundlagen juristischer Methodenlehre. Aber auch Gerechtigkeitsurteile bedürfen einer Methode, wovon kaum die Rede ist. So oft man von „Rechtsfindung“ spricht, so selten von „Gerechtigkeitsfindung“. Die *Rechts*erkenntnis (oder auch: *das* Rechtserkenntnis) scheint ein schwieriges, methodologischer Bändigung bedürftiges Unterfangen zu sein, Gerechtigkeitsurteile fallen uns dagegen offenbar in den Schoß, verdanken sich offenbar eines unabweisbaren und unfehlbaren Rechtsgefühls.[114] In Wirklichkeit ist Gerechtigkeit „nichts Gegebenes, nichts Definiertes; keine Schatztruhe, in die bei Gelegenheit gegriffen werden könnte.“[115] Um aber nicht ins gegenteilige Extrem zu verfallen, wird man sagen müssen, dass Rechts- oder Gerechtigkeitsgefühle heuristische Bedeutung haben: Sie sind nicht das letzte, sondern das erste Wort, eine beständige Rückfrage. Selbstverständlich können sie auch implizites Wissen widerspiegeln, Frucht einer gelungenen Sozialisation sein („Judiz“[116]).

Die semantische Asymmetrie von Rechtsfindung und Gerechtigkeitsfindung[117] mag ein Hinweis darauf sein,

---

[114] Näher und diff. die Beiträge in *Sigrid G. Köhler/Sabine Müller-Mall/Florian Schmidt/Sandra Schnädelbach* (Hrsg.), Recht Fühlen, 2017; *Thorsten Keiser/Franz Reimer* (Hrsg.), Rechtsgefühle, i.V.; zum Judiz *Rolf Gröschner*, Judiz – Was ist das und wie läßt es sich erlernen?, JZ 1987, 903 ff.

[115] *Friedrich Müller*, „Die Unruh im Uhrwerk“, in: ders., Gerechtigkeit als „Die Unruh im Uhrwerk“, 2009, S. 275 (276), der fortfährt: „Dabei geht das menschliche Lebensbedürfnis dahin, sie solle jederzeit abrufbar sein – also programmierbar, berechenbar, „anwendbar“.“

[116] Hierzu *Gröschner* (Fn. 114), JZ 1987, S. 903 (907): Justiz als „professionelles juristisches Vermögen“.

[117] Zur Asymmetrie auf institutioneller Ebene *Isensee* (Fn. 15), S. 9: „Der moderne Staat stellt ein wohlkonstruiertes und wohlfunk-

dass „Gerechtigkeit" (wie eingangs erwähnt) oft als politischer Kampfbegriff dient. Das diskreditiert die Berufung auf Gerechtigkeit nicht,[118] spricht aber (wo immer es überhaupt auf Gerechtigkeit ankommen soll) für eine Überprüfung des jeweiligen Gerechtigkeitsurteils. Gerechtigkeitsurteile überzeugen, wenn sie auf geteilten Kriterien,[119] auf geteilten Verfahren, auf geteilten Methoden beruhen, und wenn sie in juristische Kategorien übertragen, also diskutierbar werden. Für die Frage nach solchen Kriterien und Verfahren steht eine Tür offen zur Rechts- und Sozialphilosophie – eine Tür, die heute nicht durchschritten werden kann; denn „[z]ur Frage, was Gerechtigkeit ist, erscheint jeder Satz schon geschrieben."[120] Aber es fragt sich, ob nicht „die philosophischen Gerechtigkeitstheorien für die praktische Rechtsanwendung weitgehend unergiebig" sind.[121] Denn sie sind „regelmäßig nicht auf die Rechtsanwendung zugeschnitten", sondern wenden sich „eher an den Gesetzgeber".[122] Dennoch bleiben zahlreiche Ansätze

---

tionierendes Regelwerk bereit zur Schaffung und Durchsetzung, zur Änderung und Abschaffung von positiven Normen. Ein solches Regelwerk gibt es nicht für die Vorstellungen über die Gerechtigkeit. Im Reich der Ideen waltet Anarchie. Hier steht keine Institution bereit, um die Idee der Gerechtigkeit verbindlich auszulegen und zu sagen, was sie in einer konkreten Angelegenheit erheischt. Keine Behörde sorgt für eine geordnete und effektive Vollstreckung."

118 Skeptisch *Gabriele Britz*, Rechtsgefühle. Die Relevanz des Affektiven für die Rechtsentwicklung – in Jherings Kampf ums Recht und heute, in: Keiser/Reimer (Fn. 63), Rechtsgefühle, i. V.

119 Nach *Mayer* (Fn. 1), S. 80, sind „[e]rlebte Werte […] der Nährboden des Rechtsgefühls. Deswegen ist es ein Produkt aus den Erfahrungen der Person und der Kultur, in der sie lebt."

120 *Stöhr* (Fn. 2), RTh 45 (2014), S. 159 (160).

121 So *Stöhr* (Fn. 2), RTh 45 (2014), S. 159 (160).

122 *Stöhr* (Fn. 2), RTh 45 (2014), S. 159 (160) mit eigenem Vorschlag (S. 182 ff.).

und Theorien, die sich in Diskussion und Anwendung fruchtbar machen lassen,[123] vom Kategorischen Imperativ über den Schleier des Nichtwissens[124] bis zur Dialogik des Rechts[125] und der Theorie der pluralistischen Grundsätzlichkeit.[126]

Allerdings lassen sich aus zwei entgegengesetzten Richtungen Einwände gegen den hier vertretenen Grundansatz – Gerechtigkeit als Argument, soweit sie erstens nicht durch geltendes Recht mediatisiert und zweitens hinreichend begründet ist – formulieren: Einerseits der Einwand, Gerechtigkeit beruhe *a limine* auf subjektiven Wertungen, die keiner objektiven Erkenntnis zugänglich seien; andererseits der Einwand, in der Kontrolle von Gerechtigkeitsgefühlen durch Verfahren und Kriterien liege ein Hyperjuridismus[127] oder ein verdoppelter Positivismus, d.h. die ungute Übertragung einer schon für

---

[123] Überblick bei *Axel Tschentscher*, Prozedurale Theorien der Gerechtigkeit. Rationales Entscheiden, Diskursethik und prozedurales Recht, 2000; aus der Methodenliteratur *Koch/Rüßmann* (Fn. 93), S. 358 ff. mit Plädoyer für eine modifizierte Konsensustheorie (vgl. S. 369); ferner *Stöhr* (Fn. 2), RTh 45 (2014), S. 159 (182 ff.).

[124] Begründungen müssten aber über eine flüchtige Bezugnahme – wie in BVerfGE 101, 158 (218), Rn. 272 – hinausgehen.

[125] Insbes. *Rolf Gröschner*, Dialogik und Jurisprudenz. Die Philosophie des Dialogs als Philosophie der Rechtspraxis, 1982, wo Verf. auch die den Dialog abschneidende (S. 224), also scheinbar antidialogische Entscheidung in ihren dialogischen Dimensionen beleuchtet (S. 224 ff.); *ders.* (Fn. 21), RTh 32 (2001), S. 213 (220 ff.); *ders.*, Dialogik des Rechts, 2013.

[126] *Mastronardi* (Fn. 53), Rn. 567–628; ihm folgend *Florian Windisch*, in: Müller/Mastronardi (Hrsg.), „Abwägung". Herausforderung für eine Theorie der Praxis, 2014, S. 19 (86).

[127] Vgl. *Fischer-Lescano* (Fn. 8), JZ 2018, S. 165 ff.

das positive Recht falschen Praxis auf die Gerechtigkeit.[128] Beide Einwände sind ernstzunehmen, aber als Ansporn, nicht als Barriere:

Der Subjektivismuseinwand differenziert schon nicht hinreichend. Denn es lässt sich leichter und sicherer Einigkeit darüber herstellen, was ungerecht, als was gerecht ist.[129] Versteht man (wofür gleich der letzte Teilschritt werben soll) Gerechtigkeit als Unungerechtigkeit,[130] so verschwinden bereits viele Dissense. Ferner gibt der Subjektivismuseinwand zu früh auf: Vorverständnisse und Wertannahmen sind – entgegen Max Weber, Hans Kelsen und vielen anderen – durchaus gewinnbringend diskutierbar. Der Diskurs ist ein mühsamer Prozess, bei dem Annäherung oder gar Konsens nicht garantiert, aber auch nicht ausgeschlossen sind. Falsch wäre, diesen Prozess gar

---

[128] *Müller* (Fn. 115), S. 275 (276): „[W]enn, gegen das positivistische Behandeln des Gesetzes, die Juristen sich auf Gerechtigkeit berufen, so wird nunmehr diese als eine objektive Grundlage richterlichen Handelns imaginiert. Die Operation „Erkenntnis → Anwendung" wird durch solches Verdoppeln nicht realitätsnäher – so als sei zwar der positive Normtext nicht befriedigend erkennbar, wohl aber von höherer (von welcher? von wessen?) Warte aus „die" Gerechtigkeit ein handhabbarer Gegenstand ... Solches Denken und solche Praxis ... kleben weiter am Positivismus; sie wiederholen strukturell dessen Fiktion einer Rechtserkenntnis und sein statisches Modell einer Rechtsanwendung, hier dann bloß ins „Höhere" einer gerechten Ordnung hin erweitert, in die der Eingeweihte offenbar Einblick hat."

[129] In diese Richtung *Hasso Hofmann*, Einführung in die Rechts- und Staatsphilosophie, 2000, S. 72 ff. mit Betonung der Priorität der Ungerechtigkeit vor der Gerechtigkeit, insbes. unter Hinweis auf *Peter Noll* (Fn. 62); *Stöhr* (Fn. 2), RTh 45 (2014), S. 159 (177). Näher hierzu sogleich im Text (IV.2).

[130] *Noll* (Fn. 62).

nicht erst zu beginnen. Der Gerechtigkeitsskeptizismus macht es sich damit zu einfach.[131]

Der Hyperjuridismuseinwand dagegen mahnt, nicht unreflektiert juristische Kategorien zur Weltformel zu erheben, Gerechtigkeit in rein juridischen Formen zu denken. Damit würde sie zur Geisel. Aber der Einwand kann damit nicht die Forderung blockieren, Gerechtigkeitsforderungen zu strukturieren und zu begründen, dann aber auch als relevant zuzulassen. Vielmehr muss er flexibel Berücksichtigung finden, damit Gerechtigkeitsargumentationen nicht zu subsumtionsartigen Ableitungen aus abstrakten Prämissen werden. Und der Einwand darf den substantiellen Beitrag nicht übersehen, den juridische Rationalität mit ihrem Beharren auf Verfahren, insbesondere Beteiligungen, und auf Differenzierungen für philosophische Diskurse leisten kann. Insofern ist die Jurisprudenz tatsächlich eine wahre Philosophie.[132]

Für jeden Umgang mit Recht folgt aus dem Gesagten, dass die Berufung auf Gerechtigkeit oder Ungerechtigkeit (wo überhaupt statthaft) nur gehört werden sollte, wenn sie nachvollziehbar entfaltet und in juristische Kategorien übersetzt wird. Diese Anforderung betrifft gerade auch den Fall, in dem Rechtsanwender von einer nichtpositivistischen Position aus die Geltung ungerechten Rechts in Abrede stellen: Je nach rechtstheoretischer Grundposition kann Recht bei einer Kollision mit „Gerechtigkeit“ Unrecht, Nichtrecht, nichtig oder unanwendbar sein. Die Behandlung derartiger Kollisionsfälle, die in

---

[131] *Mahlmann* (Fn. 17), § 14 Rn. 8 f.

[132] *Ulpian*, D. 1.1.1.1; hierzu *Wolfgang Waldstein*, Römische Rechtswissenschaft und wahre Philosophie, in: Index 22 (1994), S. 31 ff.

mehrfachem Sinne immer Grenzfälle sein werden, muss wie die Kollision mit Unions- oder Verfassungsrecht[133] methodisch domestiziert, d.h. prozedural und material eingehegt werden. Hierbei ist in Rechnung zu stellen, dass man über Ungerechtigkeit viel eher Klarheit gewinnen kann als über Gerechtigkeit, so dass häufig nicht Gerechtigkeit methodologisch kleinzuarbeiten ist, sondern Ungerechtigkeit.[134]

Kurz: Auch (Un-)Gerechtigkeitsurteile haben einen Verfahrens- und Begründungs-, also einen Methodenbedarf. Wird er gesehen und erfüllt, kann ein Gerechtigkeitsurteil in ein juristisches Urteil transformiert werden.

2. *Gerechtigkeit als Unungerechtigkeit*

Gerechtigkeit hat unter den Bedingungen der Endlichkeit erkenntnistheoretische, aber auch immanente sachliche Grenzen. Gerechtigkeitsurteile müssen sich selbst zurücknehmen, um ihren Voraussetzungsreichtum und ihre Fehlbarkeit erkennen zu können, und damit Rechtssicherheit und Nützlichkeit (d.h. demokratische Gestaltung) zu ihrem Recht kommen. *Summum ius, summa iniuria*: Höchstes, d.h. am meisten gerechtigkeitsgetriebenes Recht ist höchstes Unrecht. Daher ist die Verrechtlichung von Gerechtigkeit im positiven Sinne tief ambivalent und ist die Praxis des Rechtsstaats geprägt von temperierenden

---

[133] Vorschläge hierzu bei *Reimer* (Fn. 23), Rn. 629 ff.

[134] Anschauungsbeispiele: BVerfGE 23, 98 (106) zu § 2 der Elften Verordnung zum Reichsbürgergesetz vom 25. November 1941 (RGBl. I S. 722): „Recht und Gerechtigkeit stehen nicht zur Disposition des Gesetzgebers."; BVerfGE 95, 96 (134 ff.); dagegen *Horst Dreier*, Gustav Radbruch und die Mauerschützen, JZ 1997, S. 421 (428 ff.).

Elementen.[135] Der Rechtsstaat muss nicht Gerechtigkeit gewährleisten, sondern Ungerechtigkeit vermeiden und verhindern. Der Rechtsstaat

> „richtet sich aus auf die Gerechtigkeit als Leitidee, aber er weiß, daß er sie niemals erreichen kann und daß selbst optimale Lösungen bestreitbar sein werden. Eben deshalb sorgt er dafür, daß die Gerechtigkeitsfrage diskutabel bleibt, und gewährleistet die grundrechtlichen Bedingungen der offenen Diskussion. Er bindet staatliche Entscheidungen in Kompetenz- und Verfahrensregeln ein und sorgt so für Transparenz. Grundrechte wehren möglicher Ungerechtigkeit. Im übrigen begrenzt die freiheitliche Verfassung die Reichweite des staatlichen Handelns und entstaatlicht insoweit das Gerechtigkeitsproblem."[136]

Rechtsstaatliche Gerechtigkeit bleibt daher typischerweise hinter theologischer oder philosophischer Gerechtigkeit zurück; sie ist Unungerechtigkeit. Sie lässt privater oder zivilgesellschaftlicher Gerechtigkeit in weitem Umfang den Vortritt und Ungerechtigkeit Raum: Staatliches Recht muß jedem von uns das Recht lassen, ungerecht zu handeln. Diese Begrenzungen staatlicher Gerechtigkeit – die erkenntnistheoretisch und die sachlich begründete – sind methodologisch relevante Faktoren; daher die mahnende Formel von der Unungerechtigkeit.

---

[135] *Isensee* (Fn. 15), S. 20: „Damit der Traum von Gerechtigkeit nicht umschlägt in einen Alptraum, wird in den Wein der Gerechtigkeit immer viel Wasser gegossen: Nachsicht, Augenmaß, Opportunität als taktische Toleranz gegenüber dem Unrecht und die Kunst, Fünfe gerade sein zu lassen, Erfordernisse der Rechtssicherheit, Formgesetzlichkeit, Ökonomie der Rechtsverwirklichung."

[136] *Josef Isensee*, Rechtsstaat – Vorgabe und Aufgabe der Einung, in: HStR IX, 1997, § 202 Rn. 23 mit der gegen Bärbel Bohley gewendeten Folgerung: „Die polemische Alternative „Gerechtigkeit oder Rechtsstaat" verfehlt ihren Gegenstand."

V. Fazit: Gerechtigkeit als explizierbares Argument

Gerechtigkeit ist eine Erwartung der Gesellschaft und insbesondere der Beteiligten eines jeden konkreten Verfahrens an das Recht und an die an seiner Verwirklichung Beteiligten.[137] Das darf keiner von ihnen, keiner von uns je vergessen.[138] Unbeschadet der Rede von der unüberwindbaren Kluft zwischen Recht und Gerechtigkeit[139] (die die Nichtidentität beider Systeme bezeichnet, aber nicht das zwingende Auseinandertreten *in omni casu*) gibt es im Einzelfall in der lebensweltlichen Erfahrung durchaus gerechte und ungerechte Entscheidungen. Quis iudicabit? Im demokratischen Rechtsstaat hat in erster Linie der durch die normative Arbeitsteilung je legitimierte Normsetzer zu entscheiden. Daher ist es richtig, die Mediatisierung – d.h. Selektion und Konkretisierung – von Gerechtigkeit durch das geltende Recht anzuerkennen: Der Normsetzer interpretiert seine Gerechtigkeitsvorstellungen authentisch durch seine Normen. Dennoch bleiben, wo immer Normen nicht abschließend determinieren, und das heißt: *überall* – von der Begriffsbildung über die Sachverhaltsarbeit bis zur Abfassung der Entscheidungsbegründung – Anwendungsfelder für ein Gerechtigkeitsbewusstsein.

[137] Für das Gerichtsverfahren *Gröschner* (Fn. 21); zum Widerhall im positiven Recht Fn. 19 f.

[138] Zum in der Diskussion geäußerten Einwand des Gerechtigkeitskitsches *Franz Reimer*, Gerechtigkeit zwischen Kunst und Krempel, in: Liber amicorum Christoph Schönberger, i.V.

[139] S.o. Fn. 8.

Gerechtigkeit und Recht sind daher verschränkt.[140] Sie sind gegenseitige Möglichkeitsbedingungen[141] und gemeinsam auf Methoden angewiesen: Gerechtigkeit benötigt Recht, weil es durch Recht effektuiert wird, und benötigt Methoden, weil Recht durch Methoden effektuiert wird. Aber Recht benötigt auch Gerechtigkeit: als einen seiner Leitsterne,[142] seiner Fluchtpunkte, als „Stachel im Fleisch [...,] das Problem, das sich in alle Rechtsarbeit störend einmischt [...,] die Unruh im Uhrwerk",[143] d.h. als omnipräsente Frage und Wahrnehmungshilfe. Subsidiär bedarf es der Gerechtigkeit auch als explizites Argument: überall dort nämlich, wo das geltende Recht Freiräume lässt. Das schließt Fälle ein, in denen das Recht keine klaren Antworten gibt. Solche Felder nehmen in der hyperpositivierten Rechtsordnung paradoxerweise nicht ab, sondern zu, weil zunehmend unbeabsichtigte Überschneidungsbereiche von Normen und damit Fragen der Normenkoordination entstehen.[144] Zunehmen

[140] *Osterkamp* (Fn. 52), S. 93: „Verschränkung von rechtlicher und moralischer Argumentation".

[141] Oben Fn. 51.

[142] Vgl. *Aristoteles*, Nikomachische Ethik V, 1129b 28: „und weder der Abendstern noch der Morgenstern ist so wunderbar" (Übers.: Ursula Wolf, rororo, 2006, S. 162); *Alexander Hollerbach*, Gerechtigkeit und Recht, in: StLex, Sp. 898 (902).

[143] Eindringlich *Müller* (Fn. 115), S. 275 (277): Gerechtigkeit als „der Stachel im Fleisch. Sie ist das Problem, das sich in alle Rechtsarbeit störend einmischt. Sie ist die Unruh im Uhrwerk; die nicht still zu stellende Anforderung im Rechtsbetrieb, der von den Betroffenen, den von ihm Erfassten durchaus als Räderwerk gefürchtet wird. Gerechtigkeit bleibt das *cor inquietum*, das unruhige Herz des Rechts." Das Bild von der „Unruhe im Getriebe der Uhr" bereits bei *Hollerbach* (Fn. 142), Sp. 903.

[144] *Franz Reimer*, Das Parlamentsgesetz als Steuerungsmittel und Kontrollmaßstab, in: GVwR I, 2. Aufl. 2012, § 9 Rn. 82.

mögen künftig auch Felder, die im einfachen Recht durch Dekonstitutionalisierung[145] für nichtverfassungsrechtliche Argumente frei werden. Der Anwendungsbereich für Gerechtigkeitsargumente in der Rechtsanwendung schrumpft damit nicht, er wächst!

Innerhalb dieses Anwendungsbereichs ist Voraussetzung einer sinnvollen Berufung auf Gerechtigkeit, dass Gerechtigkeit nicht reduktionistisch verstanden wird:

- nicht nur als eigene Gerechtigkeit, sondern auch als die der Anderen,
- nicht nur als Inhalt eines Gefühls, sondern auch als Gegenstand von Argumentation,
- nicht nur als positive Gerechtigkeit, sondern vornehmlich als Unungerechtigkeit,
- nicht nur als individualisierende Gerechtigkeit, sondern auch als generalisierende Gerechtigkeit, und schließlich
- nicht solipsistisch, sondern in ihrem jeweiligen Verhältnis zu Rechtssicherheit und Zweckmäßigkeit bzw. Nützlichkeit als ebenbürtige normative Gesichtspunkte.

Wird Gerechtigkeit in der Fallentscheidung auf diese Weise spezifiziert, begründet und in juristische Kategorien transformiert, so ist sie nicht nur stille Beobachterin,

---

[145] Begriff: *Jochen Rozek*, Die Unterscheidung von Eigentumsbindung und Enteignung, 1998, S. 73; Plädoyer: *Karl-Peter Sommermann*, Diskussionsbemerkung, in: VVDStRL 61 (2002), S. 201; die Forderungen nach einer Dekonstitutionalisierung nehmen seither an Zahl und Eindringlichkeit zu, vgl. bspw. *Christian Waldhoff*, Das Gesetz zwischen Recht und Politik, in: ZfP 2019, S. 98 (108 ff.); *Franz Reimer*, Diskursvergleich im Verfassungs- und Verwaltungsrecht, in: VVDStRL 77 (2018), S. 413 (453 f.). Skeptisch gegenüber dem „Verfassungsexpansionismus" bereits *Michael Kloepfer*, Verfassungsausweitung und Verfassungsrechtswissenschaft, in: Festgabe Gesellschaft für Rechtspolitik, 1984, S. 199 ff.

sondern auch legitime Stimme im Rechtsgespräch, und es wäre falsch, ihr einen Platz am Beratungstisch zu verwehren. Jeder Versuch, die Gerechtigkeit aus dem Diskurs auszutreiben, wird scheitern – sie kehrt, explizit oder implizit, ins Rechtsgespräch zurück.

Kommentar

Vom Positivismusstreit zur These der Gerechtigkeitssubstitution

von *Carsten Bäcker*

I. Gerechtigkeit und Recht: Der Positivismusstreit 47
II. Gerechtigkeit in der Rechtsanwendung 52
1. Gesetz und Recht 56
2. Verteidigung der Gerechtigkeitsexklusion 61
3. Die Externalität der Gerechtigkeit 64
III. Die These der Gerechtigkeitssubstitution 67

Für Franz Reimer sind Recht und Gerechtigkeit dialektisch miteinander verwoben.[1] Es handele sich um „gegenseitige Möglichkeitsbedingungen“[2]. Damit dürfte sich Reimer, typisierend eingeordnet, in die Tradition der sog. Verbindungsthese stellen – in der Variante eines notwendigen Zusammenhangs zwischen Recht und Gerechtigkeit. Mit Verbindungs- und Trennungsthese und den dafür bzw. dagegen erhobenen Argumenten,[3] also dem Positivismus-

[1] So die Überschrift zu Reimers zweitem Hauptteil: „Die Dialektik von Gerechtigkeit und Recht“, vgl. *Reimer*, S. 8.

[2] *Reimer*, S. 13, im Anschluß an *Andreas Fischer-Lescano*, Wozu Rechtsphilosophie?, JZ 2018, 161 (170).

[3] Instruktiv zur freilich unterkomplexen Unterscheidung von Trennungs- und Verbindungsthese als den beiden Grundpositionen

streit um das rechtsbegrifflich verarbeitete Verhältnis von Recht und Gerechtigkeit, befaßt Reimer sich nicht näher. Darin liegt ein ernstes Versäumnis. Denn der Grundlagenstreit zum begrifflichen Verhältnis von Recht und Gerechtigkeit hallt in Reimers Thesen zur Gerechtigkeit als Methodenfrage durchgängig wider. Es hängt eben vom Rechtsbegriff ab, was für die Rechtsanwendung von Bedeutung ist.

Meine kommentierenden Überlegungen beginnen deswegen mit einer Einordnung von Reimers Verständnis des Verhältnisses von Recht und Gerechtigkeit in den Kontext des Positivismusstreits (I.). Auf dieser Grundlage werden Reimers Bemerkungen zur Gerechtigkeit als Maßstab der Rechtsanwendung hinterfragt – und die These der Gerechtigkeitsexklusion, wonach die Gerechtigkeit dem Recht extern ist, zu verteidigen versucht (II.). Schließlich wird die These der Gerechtigkeitsexklusion um die der Gerechtigkeitssubstitution ergänzt: das Recht ersetzt die Gerechtigkeit (III.). Daraus folgt: Nur dort, wo das Recht die Gerechtigkeit nicht verdrängt, kann es Raum für Gerechtigkeit als Maßstab der Rechtsanwendung geben – dann aber nicht als rechtlicher, sondern als außerrechtlicher Maßstab.

---

im Positivismusstreit *Ralf Dreier*, Der Begriff des Rechts, NJW 1986, 890–896 (890–893); *Robert Alexy*, Begriff und Geltung des Rechts, Alber 1992, S. 15–17; 39 ff.; *Jan-R. Sieckmann*, Rechtsphilosophie, Mohr 2018, S. 28–32.

I. Gerechtigkeit und Recht: Der Positivismusstreit

Reimer stützt seine Überlegungen zur Gerechtigkeit als Methodenfrage auf Gustav Radbruchs Position zum Verhältnis von Recht und Gerechtigkeit – die in dem ebenso wunderbaren wie rätselhaften Satz ihren Ausdruck findet, das Recht sei die Wirklichkeit, die den Sinn hat, der Gerechtigkeit zu dienen;[4] und er schließt sich Radbruchs bis heute für Kopfzerbrechen sorgender antinomischer Trias der Rechtsidee von Gerechtigkeit, Rechtssicherheit und Zweckmäßigkeit an.[5] Radbruchs Position wird dabei nicht weiter hinterfragt, sondern als gesetzt hingenommen; sie beschreibe, so Reimer, „zutreffend eine beherrschende und berechtigte gesellschaftliche Erwartung an das Recht"[6].

Unterbetont bleibt bei Reimer, daß Radbruchs Position zum Verhältnis von Recht und Gerechtigkeit nicht eben eindeutig ist. Vielmehr zeigt gerade Radbruchs Rechtsphilosophie, daß die vermeintlich klare Dichotomie von Trennung oder Verbindung von Recht und Gerechtigkeit, wie sie der geläufigen Alternativität von Rechtspositivismus oder Naturrecht zu unterliegen scheint, das Spektrum der vertretenen Positionen nicht adäquat wiedergeben kann. Tatsächlich wird wohl selbst der härteste Rechtspositivist nicht ernsthaft vertreten, die Gerechtigkeit spiele überhaupt keine Rolle für das Recht.[7] Etwas

---

[4] Vgl. *Reimer*, S. 5 und S. 13; *Gustav Radbruch*, Rechtsphilosophie, 3. Aufl. Leipzig 1932, S. 32.

[5] Vgl. *Reimer*, S. 14; *Radbruch* (Fn. 4), S. 70 ff.

[6] *Reimer*, S. 8.

[7] Vgl. *Hans Kelsen*, Reine Rechtslehre, 1. Aufl. Wien 1934, S. 12: Mit der Reinen Rechtslehre werde „natürlich durchaus nicht die

anderes hat Reimer freilich auch nicht behauptet. Die Frage ist daher nur, welche Rolle die Gerechtigkeit spielt – und die Gretchenfrage[8] im Positivismusstreit, ob und ggf. unter welchen Umständen einem gesetzten Rechtssatz wegen dessen Ungerechtigkeit von einem Rechtsakteur, regelmäßig einem Richter, aus rechtlichen Gründen die Geltung versagt werden darf.

Radbruch, der Gewährsmann unseres Leitautors, schwankte gerade in dieser Frage. In der Weimarer Zeit sah er die Rechtssicherheit bzw. die Bindung an das politisch gewollte Recht für den Richter als rechtlich unbedingt vorrangig an.[9] Dies wohl auch vor dem Hintergrund, dem noch im Gestern verbliebenen Richtertum einen Hebel zur Überwindung der Bindung an die sozialdemokratischen Gesetze zu nehmen. Dann aber kam die Zeit des Nationalsozialismus – und mit ihm derart unerträglich ungerechtes gesetztes Recht, des Radbruch diesem Recht die Rechtsgeltung und den Rechtscharakter absprach. Es entstand, in der frühen Nachkriegszeit, die berühmte Radbruchsche Formel.[10] Der bei Radbruch bis 1932 juristisch unbedingt geltenden Rechtssicherheit

---

Möglichkeit abgelehnt, daß das Recht moralisch, d.h. gut sein soll. Diese Forderung versteht sich von selbst; was sie eigentlich bedeutet, ist eine andere Frage". Gleiches würde Kelsen auch für die Gerechtigkeit akzeptieren.

[8] Vgl. *Rolf Gröschner*, Gerechtigkeit, in: Eric Hilgendorf / Jan C. Joerden (Hrsg.), Handbuch Rechtsphilosophie, Metzler 2017, 418–424 (418): „Die Gerechtigkeitsfrage ist die Gretchenfrage der Rechtsphilosophie"; hier allerdings eher bezogen auf die Konzeption der Gerechtigkeit, nicht deren Widerstreit zu Setzung und Wirksamkeit (dazu knapp S. 420).

[9] Vgl. *Radbruch* (Fn. 4), S. 83 f.

[10] Vgl. *Gustav Radbruch*, Gesetzliches Unrecht und übergesetzliches Recht, SJZ 1 (1946), S. 105–108.

kam nach der Formel nurmehr ein bedingter juristischer Vorrang gegenüber der Gerechtigkeit zu; im Falle derart extremer Ungerechtigkeit, wie sie in der NS-Zeit zu erleben war, konnte auch ordnungsgemäß gesetztes und sozial wirksames Recht kein Recht mehr sein, nicht mehr rechtlich gelten.[11] Dabei verstand Radbruch nicht etwa erst nach 1933 die Gerechtigkeit als zentralen Bestandteil der Rechtsidee, sondern schon lange davor.[12]

Man kann damit sagen, daß sich Radbruch unter dem Eindruck der NS-Zeit von einem divergenten Rechtsnichtpositivisten, der zwar Recht und Gerechtigkeit dem Begriff nach verbindet, die Geltung gesetzten Rechts im Sinne einer Verbindlichkeit für den Richter aber nicht an Gerechtigkeit bemißt, zu einem konvergenten Rechtsnichtpositivisten gewandelt[13] hat, der neben dem Begriffszusammenhang auch einen Geltungszusammenhang von Recht und Gerechtigkeit anerkennt. In Radbruchs Rechtsphilosophie lassen sich demnach zwei kategorial verschiedene Positionen zum Verhältnis von Recht und

[11] Zur bemerkenswerten Differenz der Gerechtigkeitsgrenzen von Rechtscharakter und rechtlicher Geltung in der Radbruchschen Formel, auf der das noch darzulegende quadrale Modell beruht, vgl. *Carsten Bäcker*, Rechtssicherheit oder Gerechtigkeit. Von der Radbruchschen Formel zurück zum Primat der Rechtssicherheit, in: Jan C. Schuhr (Hrsg.), Rechtssicherheit durch Rechtswissenschaft, Mohr 2014, S. 33–45 (35).

[12] Vgl. nur *Gustav Radbruch*, Grundzüge der Rechtsphilosophie, Leipzig 1914, S. 39: „Recht ist dasjenige, was gerechtes Recht sein sollte, gleichviel ob es wirklich gerechtes Recht ist".

[13] Ob es in Radbruchs Rechtsphilosophie eine Wandlung oder nur eine Fortentwicklung gegeben hat, ist umstritten. Näher zu diesem Streit *Carsten Bäcker*, Gerechtigkeit im Rechtsstaat. Das Bundesverfassungsgericht an der Grenze des Grundgesetzes, Mohr 2015, S. 66 ff.; zur angedeuteten Position ebd. S. 280–283.

Gerechtigkeit ausmachen. Die frühere hat, was die Geltung anbelangt, positivistische Züge, die spätere ist ganz nichtpositivistisch.[14]

Mit zwei weiteren Positionen wird das Bild der vertretenen oder vertretbaren Positionen zur Positivismusfrage – jenseits unzähliger Nuancen im Detail – logisch bzw. kategorial vollständig: der konvergente Rechtspositivismus auf der einen Seite, der einen Begriffszusammenhang wie auch einen Geltungszusammenhang von Recht und Gerechtigkeit ablehnt, und der divergente Rechtspositivismus auf der anderen Seite, der zwar einen Begriffszusammenhang ablehnt, aber gleichwohl einen Geltungszusammenhang akzeptiert – und sei es nur, wie im sog. inklusiven Rechtspositivismus,[15] einen kontingenten. Die Unterscheidung der vier Grundpositionen[16] läßt sich in einem quadralen Modell veranschaulichen:[17]

---

[14] Wird das Geltungsverständnis als entscheidend für die Einordnung in Positivismus bzw. Nichtpositivismus angesehen, so wäre Radbruchs frühere Position als divergenter Rechtspositivismus zu kennzeichnen, vgl. zum Geltungsparadigma *Bäcker* (Fn. 13), S. 277, 279, 281.

[15] Vgl. *Jules Coleman*, The Practice of Principle: In Defence of a Pragmatist Approach to Legal Theory, OUP 2003, S. 108: „Inclusive legal positivism is the claim that positivism *allows* or *permits* substantive or moral tests of legality; it is not the view that positivism *requires* such tests"; Hervorhebung beibehalten.

[16] Zur Unterscheidung näher *Bäcker* (Fn. 13), S. 268–275.

[17] Für wertvolle Hilfe bei der grafischen Umsetzung des Schaubilds danke ich Kevin Zaus. – BT steht für eine begriffliche Trennung von Recht und Gerechtigkeit, BZ für eine begriffliche Verbindung. GT steht für eine Trennung von Recht und Gerechtigkeit hinsichtlich der Geltung, GZ für eine Verbindung. Näher zum quadralen Modell und den logischen Relationen der Positionen *Bäcker* (Fn. 13), S. 275–280.

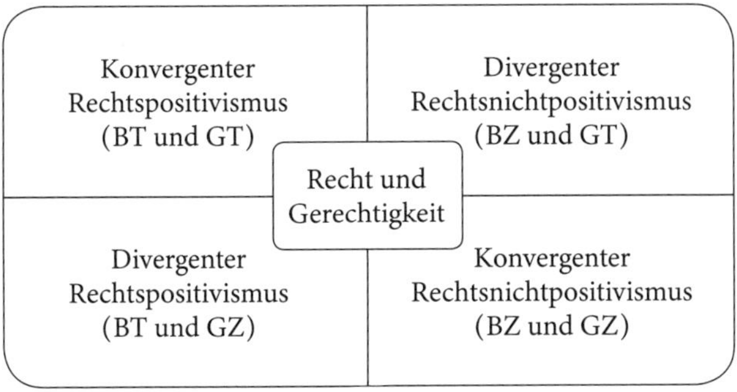

Vor dem Hintergrund dieser vier kategorial verschiedenen Zugänge ist es im Ansatz rechtstheoretisch defizitär, wenn und soweit Reimer sich allein auf Radbruch für die Bestimmung des Verhältnisses von Recht und Gerechtigkeit stützt. Offen bleibt anfangs auch, welcher der beiden Positionen Radbruchs sich Reimer anschließen will, dem früheren divergenten oder dem späteren konvergenten Rechtsnichtpositivismus; darauf wird sogleich zurückzukommen sein. Ungeachtet dieser Zuordnung ist aber, auch das zeigt das quadrale Modell, jede der denkbaren Position kategorialen Einwänden seitens der jeweils übrigen drei Positionen ausgesetzt. Mit diesen Einwänden gegen Radbruchs Position(en) hat Reimer sich nicht befaßt, weswegen er ihnen auch nichts entgegnet hat.

Die Anfechtbarkeit aus der Warte der übrigen Kategorien gilt freilich für jede Positionierung zum Thema Recht und Gerechtigkeit. Mit seiner ausdrücklichen Berufung auf Radbruch hat Reimers Vorschlag insofern keine besonderen Nachteile gegenüber anderen Stellungnahmen zum Thema; vielmehr liegt in seiner Explikation des gewählten rechtstheoretischen Ausgangspunktes ein eigener Wert.

II. Gerechtigkeit in der Rechtsanwendung

Im Zentrum der Ausführungen von Reimer steht ohnehin nicht der Positivismusstreit selbst, sondern die Bedeutung der Gerechtigkeit für die Rechtsanwendung diesseits einer Nichtigkeits- oder Unwirksamkeitserklärung gesetzten Rechts. Damit ist ein Aspekt der Positivismusfrage angesprochen, der im Diskurs über Extremsituationen wie die Behandlung des NS-Unrechts oder der Mauerschützenstrafbarkeit, in denen sich auch das Bundesverfassungsgericht auf die Radbruchsche Formel stützt,[18] bisweilen unterzugehen droht.[19] Eine eigene Frage ist es freilich, ob im Alltag der Rechtspraxis etwas anderes als in Extremsituationen gelten kann. Reimer jedenfalls bekennt sich zunächst klarstellend dazu, das Recht dürfe die Gerechtigkeitsvorstellungen des einzelnen Richters nicht vor die des Gesetzes stellen – bzw. vor diejenigen des Gesetzgebers, die in das Gesetz gegossen wurden. Das gilt offenbar nicht nur für den Extremfall, sondern auch im Regelfall. Darin ist der Radbruch vor 1933 zu erkennen, als divergenter Rechtsnichtpositivist. Auf der anderen Seite

---

[18] Zur Radbruchschen Formel in der Rechtsprechung des Bundesverfassungsgerichts *Bäcker* (Fn. 13), S. 86–112.

[19] Vgl. aber *Gerhard Robbers*, Gerechtigkeit als Rechtsprinzip. Über den Begriff der Gerechtigkeit in der Rechtsprechung des Bundesverfassungsgerichts, Nomos 1980; aus jüngerer Zeit dezidiert *Alexander Stöhr*, Gerechtigkeit als Kriterium der Rechtsanwendung, Rechtstheorie 45 (2014), 159–192.

könne und solle die Gerechtigkeit aber in juristischen Diskursen auch nicht einfach außer Betracht gelassen bzw. exkludiert werden; die Gerechtigkeit sei vielmehr als *rechtliches* Argument unverzichtbar.[20] Dies spiegele sich etwa im richterlichen Eid.[21]

Mit dieser Wendung stellt sich Reimer explizit gegen die (geltungsbezogen) positivistische These der Gerechtigkeitsexklusion,[22] wonach die Gerechtigkeit aus dem Recht als rechtliches Argument ausgeschlossen ist bzw. auszuschließen sei – der Kommentator wird von Reimer als ein Vertreter dieser Forderung herausgestellt.[23] Diese Gerechtigkeitsexklusion muß schon bei Radbruch nicht notwendig mit dem divergenten Rechtsnichtpositivismus verbunden sein, sie radikalisiert die Position einer Geltungstrennung vielmehr. Radbruch ist auch hier nicht eindeutig; es gibt in der Rechtsphilosophie von 1932 Passagen, die in diese radikale Richtung deuten,[24] und es gibt an gleicher Stelle Passagen, die sich anders lesen lassen.[25] Doch hier geht es nicht um die Einordnung von

[20] Vgl. *Reimer*, S. 22: „Gerechtigkeit als einer der Fluchtpunkte des Rechts sollte nicht ausgeblendet werden, und sie lässt sich auch nicht ausblenden".

[21] *Reimer* verweist dafür u.a. auf § 38 I DRiG und Art. 56 1 (iVm Art. 64 II) GG, vgl. S. 6.

[22] Vgl. *Reimer*, S. 11 f.

[23] Vgl. *Reimer*, ebd.

[24] Etwa *Radbruch* (Fn. 4), S. 83: „Für den Richter ist es Berufspflicht, den Geltungswillen des Gesetzes zur Geltung zu bringen, das eigene Rechtsgefühl dem autoritativen Rechtsbefehl zu opfern, nur zu fragen, was Rechtens ist, und niemals, ob es auch gerecht sei".

[25] Etwa *Radbruch* (Fn. 4), S. 82: „Die Gerechtigkeit ist die zweite große Aufgabe des Rechts, die nächste aber Rechtsicherheit, Friede, Ordnung".

Radbruchs Position, sondern um Reimers Vorschläge. Reimer ist eindeutig: Er will die Gerechtigkeitsvorstellungen des Rechtsanwenders als nachrangig gegenüber dem gesetzten Recht sehen, ohne damit die Gerechtigkeit zu exkludieren; er hebt sie als unverzichtbar für die Rechtsanwendung heraus. Liegt in diesem Gerechtigkeitsdualismus das, was Reimer als Dialektik bezeichnet?

Blicken wir dafür näher auf Reimers Thesen. Es ist sicher nicht nur der öffentlich-rechtlichen Rahmengebung der hier dokumentierten Veranstaltung zu verdanken, wenn Reimer seine Kernthese in die schönen Worte von Vorrang und Vorbehalt kleidet.[26] Um seine Kernthese zu wiederholen:

> Es besteht ein Gerechtigkeitsvorrang des gesetzten Rechts, aber es besteht kein Gerechtigkeitsvorbehalt.[27]

Der Gerechtigkeits*vorrang* soll bedeuten, daß Gesetze für die Rechtsanwendung verbindlich festlegen, was gerecht ist bzw. als gerecht gelten soll. Es handelt sich also um einen Gesetzesvorrang gegenüber Gerechtigkeitsvorstellungen des Gesetzesanwenders. Abweichende Gerechtigkeitsvorstellungen des Rechtsanwenders können und dürfen sich, so Reimers Ausgangspunkt, grundsätzlich nicht gegen die gesetzten Gerechtigkeitsvorstellungen durchsetzen. Das klingt nach einer deutlichen Absage an die Radbruchsche Formel, die als Ermächtigung des Richters

---

[26] Die These des Vorrangs der „Gerechtigkeitsvorstellungen des demokratisch legitimierten Normsetzers" findet sich schon in *Reimer*, Methodenlehre, 2. Aufl. Nomos 2020, Rn. 532; „Vorrang" findet sich aber nur im Schlagwortverzeichnis.

[27] Vgl. *Reimer*, S. 13, 22.

zum Abweichen von (extrem) ungerechten Gesetzen zu verstehen ist.[28]

Ein Gerechtigkeits*vorbehalt* bestehe dagegen nicht. Das soll bedeuten, daß es nicht erst einer Inklusion der Gerechtigkeit durch den Gesetzes- oder Verfassungsgeber bedarf, um sie als validen Maßstab für die Rechtsanwendung ansehen zu können – und zwar als inhärent rechtlichen, nicht irgendwie außerrechtlichen Maßstab.[29] Für den Rechtsanwender sei die Gerechtigkeit naturgemäß stets zu beachten; sie bilde, als Rechtsidee, den „Fluchtpunkt von Recht"[30] – und damit eine originäre Zielvorgabe für die Rechtsanwendung. Das Recht habe eben, wieder mit Radbruch, den Sinn, der Gerechtigkeit zu dienen – und das könne es nur, wenn die Gerechtigkeit (auch)[31] in der Rechtsanwendung Maßstäbe setzt. Allerdings bleibe, um es zu wiederholen, die Gerechtigkeit gegenüber dem Gesetz ein nur subsidiärer Maßstab, der

---

[28] Radbruchs Formel enthält freilich nicht nur eine Berechtigung, sondern die Verpflichtung, ungerechte Normen nicht anzuwenden. – Die ganz überwiegend vorzufindende retrospektive Anwendung seiner Formel dürfte dabei allerdings nicht seiner Intention entsprochen haben; es ging ihm um die Wehrhaftigkeit zukünftiger Juristen gegen gesetztes Unrecht, nicht um die Aburteilung vergangenen formelwidrigen Fehlverhaltens, näher *Bäcker* (Fn. 13), S. 61 f. Unbestritten bleibt dabei, daß die Furcht vor einer späteren Sanktion unter Rückgriff auf die Radbruchsche Formel einen nicht zu unterschätzenden Beitrag zur Unterstützung der Wehrhaftigkeit gegen bestehendes gesetzliches Unrecht leisten kann.

[29] Die Frage der Rechtlichkeit bleibt bei Reimer offen, da er den Rechtsbegriff nicht ausdrücklich adressiert.

[30] *Reimer*, S. 18.

[31] Für die Rechtsetzung ist das wohl unumstritten, s. noch unten.

hinter der Gesetzesbindung im Wege des Gerechtigkeitsvorrangs zurückstehe.[32]

Mit dem Blick auf das quadrale Modell läßt sich festhalten: Reimer setzt dem exklusiven divergenten Rechtsnichtpositivismus, wie ich ihn vertreten habe,[33] einen subsidiären divergenten Rechtsnichtpositivismus entgegen. Dabei ist Reimers Vorschlag hinsichtlich des positivistischen Elements als mildere Form des divergenten Rechtsnichtpositivismus einzustufen. Im Folgenden wird es daher nicht um eine Betrachtung von Reimers Vorschlägen aus der Sicht der anderen drei Kategorien des quadralen Modells gehen, sondern um eine Auseinandersetzung mit seinen Überlegungen innerhalb der gleichen Kategorie.

1. *Gesetz und Recht*

Es ist dabei von kategorialer Bedeutung, daß Reimer den Gerechtigkeitsvorbehalt ablehnt. Würde er ihn annehmen, wäre er dem inklusiven Rechtspositivismus zuzuordnen – mithin, im quadralen Modell, dem divergenten Rechtspositivismus, womit eine vollkommen andere Diskussion zu führen wäre. Doch warum wendet Reimer sich überhaupt gegen einen Gerechtigkeitsvorbehalt? Die Gerechtigkeit ist doch, so wird es verbreitet vertreten, schon verfassungsrechtlich zum Maßstab der Rechtsanwendung erklärt worden – wonach ein Gerechtigkeitsvorbehalt im Ergebnis schadlos erhoben werden könnte, da er erfüllt wäre. Einige sehen eine derartige Vorgabe gerechter Rechtsanwendung im Rechtsstaatsprinzip unserer

[32] Vgl. *Reimer*, S. 21 f.

[33] Vgl. *Bäcker* (Fn. 13), S. 314 ff.

Verfassung: sei es, mit dem Bundesverfassungsgericht, als ungeschriebenes Element des übersummativen[34] Rechtsstaatsprinzips,[35] sei es, bisweilen auch flankierend, im Wege einer passenden Auslegung des Art. 20 Abs. 3 GG.[36] In Art. 20 Abs. 3 GG wird die vollziehende Gewalt und die Rechtsprechung an „Gesetz und Recht" gebunden, worin eine verfassungsrechtlich vorgegebene, wegen Art. 79 Abs. 3 GG sogar ewige und damit sakrosankte Bindung der vollziehenden Gewalt und der Rechtsprechung an die Gerechtigkeit neben der Bindung an das Gesetz erblickt wird. Die Gerechtigkeit wäre demnach ein zentraler Maßstab für die Rechtsanwendung, den das Recht *qua* Verfassungsrecht inkorporiert – was im Ergebnis ganz im Sinne von Reimers Forderungen sein dürfte.[37]

Doch Reimer wendet sich ausdrücklich gegen eine derartige Inkorporation der Gerechtigkeit.[38] Er verneint schon die Inkorporationsbedürftigkeit, wenn er einen Gerechtigkeitsvorbehalt ablehnt und die Gerechtigkeit

---

[34] Zur Unterscheidung eines übersummativen, eines summativen und eines nihilistischen Verständnisses des Rechtsstaatsprinzips des Grundgesetzes vgl. *Bäcker* (Fn. 13), S. 185–189.

[35] Grundlegend BVerfGE 7, 89, 92: „Zur Rechtsstaatlichkeit gehört nicht nur die Voraussehbarkeit, sondern auch die Rechtsicherheit und die materielle Richtigkeit oder Gerechtigkeit"; vgl. auch die Nachweise bei *Reimer*, S. 10, dort Fn. 33. – Näher zum Gerechtigkeitselement des Rechtsstaatsprinzips in der Rechtsprechung des Bundesverfassungsgerichts *Bäcker* (Fn. 13), S. 198–236.

[36] Nachweise bei *Bäcker* (Fn. 13), S. 123–127.

[37] So klingt es bei *Reimer* auch auf S. 13, wenn erwogen wird, daß „Gerechtigkeit [...] von Verfassung wegen eine vernünftige Erwägung des Gemeinwohls sein" könne; unter Verweis auf das BVerwG.

[38] Vgl. *Reimer*, S. 10 f.: „Denn sie wäre eine weitreichende dynamische Verweisung auf außerrechtliche Gehalte und als solche riskant".

als dem Recht inhärenten Maßstab begreift. Der Grund besteht darin, daß er die mit einer verfassungsrechtlichen Inkorporation verbundenen Gefahren vermeiden will. Die beschriebene Interpretation des Art. 20 Abs. 3 geht ihm zu weit, weil sie nicht nur den gewünschten subsidiären Gerechtigkeitsmaßstab setzt, sondern die Gerechtigkeit zu einem im Verhältnis zum Gesetz unklaren, dem Wortlaut nach gleichrangigen und potentiell sogar höherrangigen Maßstab macht – mithin die Radbruchsche Formel und damit den konvergenten Rechtsnichtpositivismus in seiner milderen Spielart sanktioniert.

Tatsächlich ist die sohin beschriebene verbreitete Auslegung des Art. 20 Abs. 3 GG schon verfassungsrechtlich nicht besonders überzeugend. Mit ihr wäre nach Art. 20 Abs. 3 GG ausdrücklich allein die vollziehende Gewalt und die Rechtsprechung an die Gerechtigkeit gebunden, während ausgerechnet der Gesetzgeber, also der primäre Rechtsetzer, allein der verfassungsmäßigen Ordnung unterworfen wäre.[39] Auch ist es rechtslogisch fraglich, ob eine Bindung an die Gerechtigkeit als einer *per se* überrechtlichen Größe rechtlich überhaupt angeordnet werden kann.[40] Vor allem aber beruht eine derartige Inter-

[39] Immerhin ließe sich entgegnen, daß der Gesetzgeber im Gegensatz zur Rechtsprechung oder gar zur (gesetzes)vollziehenden Gewalt ohnehin naturgemäß der Gerechtigkeit unterworfen ist, weswegen es einer verfassungsrechtlichen Bindung von vornherein nicht bedürfte. Das ließe sich mit dem diskurstheoretischen Modell des Rechts untermauern, vgl. für eine Kurzfassung *Bäcker* (Fn. 12), S. 289–293. Allerdings bleibt fraglich, ob eine derartige Auslegung noch systematisch, historisch und genetisch vertretbar wäre.

[40] Dazu schon *Günther Frankenberg*, AK, 3. Aufl. Luchterhand 2001–2002, Art. 20 Abs. 1–3, IV, Rn. 25; *Bernd Grzeszick*, MD, 48. Lfg. Beck 2006, Art. 20 VII, Rn. 19.

pretation erkennbar auf einem Vorverständnis des Begriffs „Recht" als „Gerechtigkeit" in der Begriffskombination „Gesetz und Recht". Hinzu kommt ein kontraintuitives Verständnis des „und" als implizit angeordneter Gerechtigkeitsvorrang. Das Hinterfragen dieser (Vor-)Verständnisse versetzt uns notwendig in die Entstehungsgeschichte des Grundgesetzes zurück – und von da aus, oder je nach Methodologie auch subjektiv-teleologisch unvermittelt, in die Diskussion um den Rechtsbegriff.

Mit anderen Worten: Art. 20 Abs. 3 GG kann keine Antwort auf eine Frage geben, die für das Verständnis dessen, was Art. 20 Abs. 3 GG besagt, schon beantwortet sein muß. Wegen der darin liegenden Relativität auf das rechtstheoretische Vorverständnis wird man den Bezug auf „Gesetz und Recht" in Art. 20 Abs. 3 GG richtigerweise als hinsichtlich des Positivismusstreits schlicht aussagelos verstehen müssen.[41] Ähnliches gilt für die Frage, ob mit dem Bundesverfassungsgericht und der wohl überwiegenden Auffassung in der Literatur[42] ein übersummatives oder mit einigen kritischen Stimmen in der Literatur[43] ein summatives Rechtsstaatsprinzip anzunehmen ist – vor dem Hintergrund eines nichtpositivistischen Verständnisses wäre das übersummative, vor dem Hintergrund

[41] Zu dieser Neutralitätsthese näher *Bäcker* (Fn. 13), S. 128.

[42] Insb. *Katharina Sobota*, Das Prinzip Rechtsstaat. Verfassungs- und verwaltungsrechtliche Aspekte, Mohr 1997, S. 399 ff.; weitere Nachweise bei *Bäcker* (Fn. 13), S. 186 f.

[43] Insb. *Philip Kunig*, Das Rechtsstaatsprinzip. Überlegungen zu seiner Bedeutung für das Verfassungsrecht der Bundesrepublik Deutschland, Mohr 1986, zusammenfassend S. 457 ff.; weitere Nachweise bei *Bäcker* (Fn. 13), S. 185 f.

eines positivistischen Verständnisses das summative Paradigma näherliegend.[44]

Reimer jedenfalls schließt sich dieser Auslegung des Art. 20 Abs. 3 GG nicht an; er hält einen derartigen Verweis auf die wenigstens dem Gesetz ebenbürtige Bindung an die Gerechtigkeit ausdrücklich für zu weitreichend, für einen Schleusenbegriff, für ein „trojanisches Pferd im positiven Verfassungsrecht"[45]. Alles andere wäre freilich auch widersprüchlich: Eine gleichrangige oder sogar zugunsten der Gerechtigkeit verstärkte Bindung an die Gerechtigkeit neben der Bindung an das Gesetz wäre mit Reimers Annahme eines Gerechtigkeitsvorrangs des gesetzten Rechts nicht zu vereinbaren. Er muß den Gerechtigkeitsvorbehalt ablehnen, um den Gerechtigkeitsvorrang annehmen zu können. Das Gesetz hat, so die kategorial entscheidende These, Vorrang vor der außergesetzlich bestimmten Gerechtigkeit. Hinsichtlich dieser positivistischen These des gesetzlichen Gerechtigkeitsvorrangs ist Reimer innerhalb der Kategorie des divergenten Rechtsnichtpositivismus nicht zu widersprechen.

---

[44] Vgl. *Bäcker* (Fn. 13), S. 191–193. – Etwas anderes könnte gelten, wenn und soweit ungeschriebenes Verfassungsrecht im Sinne von *Heinrich A. Wolff*, Ungeschriebenes Verfassungsrecht unter dem Grundgesetz, Mohr 2000, das umfaßt, was das übersummative Rechtsstaatsprinzip zum übersummativen macht. Das aber ist nicht anzunehmen; man wird, im Gegenteil, auch ungeschriebenes, besser: mitgeschriebenes Verfassungsrecht zum summativen Rechtsstaatsprinzip zu zählen haben, wie etwa den Verhältnismäßigkeitsgrundsatz.

[45] *Reimer*, S. 11, unter Verweis auf *Bäcker* (Fn. 13), S. 7, der auf *Detlef Merten*, Rechtsstaat und Gewaltmonopol, Mohr 1975, S. 19, verweist.

2. *Verteidigung der Gerechtigkeitsexklusion*

Doch bei dieser These bleibt es, wie gesehen, nicht. Denn die Rechtsanwendung sei, so Reimer, auch jenseits einer verfassungsrechtlichen Verpflichtung auf die Gerechtigkeit, wie etwa in Art. 20 Abs. 3 GG,[46] schon von sich aus immer und notwendig, quasi aus der Natur der Sache, auf die Gerechtigkeit gerichtet. Das Recht habe eine „immanente Teleologie auf Gerechtigkeit hin“[47], einen „Gerechtigkeitsauftrag“[48], die Rechtsanwender einen „ergänzenden, keinen konkurrierenden Auftrag zur Verwirklichung von Gerechtigkeit“[49]. Das sei nicht nur nicht verfassungsrechtlich ausgeschlossen, es könne auch nicht ausgeschlossen werden.[50] Damit flankiert Reimer seine Subsidiaritätsthese mit einer Hilfsthese der Unausschließbarkeit der Gerechtigkeit. Diese Hilfsthese verhält sich kontradiktorisch zur Exklusionsthese.

Mit der Exklusionsthese wäre, in Reimers Terminologie, nicht nur ein (unbedingter) Vorrang gesetzten Rechts vor Gerechtigkeitserwägungen des Richters anzunehmen, sondern jeder Gerechtigkeitsbezug in der Rechtsanwen-

---

[46] Diskutieren ließen sich noch andere verfassungsrechtliche Bezugnahmen auf die Gerechtigkeit, so ausdrücklich in Artt. 1 II, 14 III 3 und 56 GG. Doch auch diese Passagen sind letztlich unergiebig für die Frage der Gerechtigkeit als rechtliches Argument; näher *Bäcker* (Fn. 13), S. 115–122.

[47] *Reimer*, S. 10.

[48] *Reimer*, S. 9, anknüpfend an *Josef F. Lindner*, Rechtswissenschaft als Gerechtigkeitswissenschaft, Rechtswissenschaft 2011, 1–27 (6): „Die Verwirklichung von Gerechtigkeit ist der Auftrag des Rechts“.

[49] *Reimer*, S. 12 f., im Anschluß an *Stöhr* (Fn. 18), S. 171; nochmals auf S. 23.

[50] Vgl. *Reimer*, S. 13 f.

dung abzulehnen. Sie behauptet die Unmöglichkeit der Rechtlichkeit einer allgemeinen Gerechtigkeitsinklusion qua Gesetzes- oder Verfassungsrecht. Das Recht würde sich, so die wichtigste Hilfsthese zur Exklusionsthese, mit einer derartigen Inklusion der Gerechtigkeit als rechtliches Argument selbst zerstören. Dieser Suizidthese liegt der von Reimer erwähnte Gedanke des trojanischen Pferdes zugrunde: Wer die Gerechtigkeit als Argument aus der Natur der Sache des Rechts zuläßt, wird den Vorrang des Gesetzes nicht dauerhaft halten können.

Reimers kompromißsuchendem Vorschlag von einem einerseits unbedingten Vorrang des gesetzten Rechts, mithin einer unbedingten Bindung an das gesetzte Recht, der andererseits nicht jeden Raum für Gerechtigkeit in der Rechtsanwendung negieren, sondern die Gerechtigkeit im Recht mediatisieren will,[51] setzt die Exklusionsthese ein radikaleres Modell entgegen. Dieses Modell beruht auf einer diskurstheoretisch modellierten Vorstellung vom Recht. Die hier interessante Kernthese des exklusiven divergenten Rechtsnichtpositivismus lautet, daß sich zwar die Rechtsetzung, zumal die Verfassungsgebung, an Gerechtigkeit orientieren darf und auch soll[52] – wobei Gerechtigkeit hier als Chiffre für moralische und ethische Überlegungen, diskurstheoretisch formuliert: für allgemeine praktische Richtigkeit verstanden wird –, dies aber der Rechtsanwendung verwehrt bleiben muß. Eine Rechtsanwendung ist in diesem Verständnis nie schon

[51] Vgl. *Reimer*, S. 14: „beidseitiger ‚Verweisungszusammenhang zwischen Recht und Gerechtigkeit'", im Anschluß an *Gröschner* (Fn. 8), S. 420.

[52] Und im diskursiven Modell des Rechts auch muß, vgl. *Bäcker* (Fn. 13), S. 294.

dann rechtlich falsch, wenn sie ungerecht ist, sondern erst dann, wenn sie rechtlich unvertretbar ist.

Freilich steht und fällt diese These mit der Unterscheidbarkeit von Rechtsetzung und Rechtsanwendung: Soweit Rechtsanwendung Rechtsetzung ist, ist und bleibt die Gerechtigkeit eine Zielmarke in der Rechtsanwendung – dies aber eben nur innerhalb des (engen) Spielraums, den das gesetzte Recht dem Rechtsanwender dafür gelassen haben muß.[53] Und umgekehrt gilt: Soweit Rechtsetzung Rechtsanwendung ist (verfassungsrechtlich gebundene Gesetzgebung ist Rechtsanwendung, soweit diese Bindung reicht), ist und bleibt die Gerechtigkeit als konkurrierende Zielmarke gesperrt. Zu beachten ist dabei, daß der vollziehenden Gewalt und der Rechtsprechung diese Spielräume in rechtsetzender Rechtsanwendung nach dem juristischen Urknall des Setzens von Recht, soweit es reicht, erst und allein durch das gesetzte Recht (wieder) eröffnet werden können[54] – seien es normative Spielräume, wie im Fall von Generalklauseln, unbestimmten Rechtsbegriffen

[53] Das dürfte bei der Sachverhaltsermittlung (*Reimers* 1. Beispiel, S. 23–26.) gerade nicht der Fall sein. Hier wird die einschlägige Direktive schlicht in der möglichst wahrheitsgetrauen Feststellung des relevanten Sachverhalts zu sehen sein, nicht in einer irgendwie sonst gearteten Gerechtigkeitsvorgabe; vgl. § 160 StPO.

[54] So wohl auch *Reimer*, vgl. S. 28 f.: Die Norm muß ihr Auslegungsziel Gerechtigkeit selbst setzen – allerdings nur im Verhältnis zur Rechtssicherheit und Zweckmäßigkeit. Konsequenter wäre die Annahme, daß jede Norm immer alle drei Auslegungsziele setzt; und es von der Auslegung abhängt, welches Ziel welchem anderen vorgehen soll. – Damit freilich wäre die objektiv-teleologische Auslegung *qua* Rechtsidee begründet, womit die Debatte um die Auslegung und ihre Ziele oder Grenzen wieder zurück zur Frage des Rechtsbegriffs führte.

oder Abwägungsspielräumen[55], seien es epistemische Spielräume, die sich aus der Interpretationsbedürftigkeit gesetzten Rechts in seiner Anwendung ergeben.[56]

Es ist deswegen, anders als es Reimers Vorschlag unterliegt, nicht das ohnehin bestehende Gerechtigkeitsstreben des Rechts, das die Gerechtigkeit als rechtliches Argument[57] präformiert; es ist die teils unvermeidliche, teils beabsichtigte Abstinenz eines lückenlosen rechtlichen Maßstabs, wegen der Rechtsfragen nach rechtsexternen Maßstäben wie dem der Gerechtigkeit entschieden werden können.

3. *Die Externalität der Gerechtigkeit*

Der Unterschied der These der Gerechtigkeitsexklusion zur Reimerschen These der Gerechtigkeitssubsidiarität scheint damit im Ergebnis nicht groß zu sein. Solange es kein perfektes, lückenloses System gesetzter rechtlicher Vorgaben gibt, was es schon aufgrund der Defeasibility rechtlicher Regeln – also ihrer Eigenschaft, Ausnahmen haben zu können[58] – und der mit einigen Willkürlich-

---

[55] Vgl. *Reimers* Beispiel 3, S. 31–33. – Es wäre näher zu untersuchen, inwieweit Abwägungen strukturell notwendig auf Gerechtigkeitsurteile verweisen – und ob hierin strukturell notwendig eine Sprengung der Ersetzungsthese zu sehen wäre.

[56] Vgl. *Reimers* Beispiel 2, S. 26–31.

[57] Ein rechtliches Argument kann Gerechtigkeit nur sein, wenn und soweit sie durch das Recht zur Zielmarke wird, vgl. Art. 14 Abs. 3 S. 3 GG: Die Entschädigung ist unter gerechter Abwägung der Interessen der Allgemeinheit und der Beteiligten zu bestimmen. Näher zur Bedeutung dieses grundgesetzlichen Verweises auf die Gerechtigkeit *Bäcker* (Fn. 13), S. 119 f.

[58] Zu diesem Verständnis der Defeasibility näher *Carsten Bäcker*,

keiten verbundenen Abwägungsbedürftigkeit rechtlicher Prinzipien vielleicht nie geben kann, besteht der Unterschied vielleicht nur in der Betonung.

Doch dieser Eindruck täuscht. Reimer internalisiert die Gerechtigkeit in das Recht, während sie im vorgestellten Modell zwar ein diskursimmanent notwendiger Bezugspunkt, gleichwohl aber dem Recht extern bleibt: Gerechtigkeit als allgemeine praktische Richtigkeit ist die zentrale Größe einer eigenen, vom Recht unabhängigen normativen Ordnung.[59] Freilich ließe sich entgegenhalten, daß die Gerechtigkeit im vorgestellten Ansatz externalisiert wird, während sie bei Reimer, der Rechtsnatur gemäß, intern bleibt. Doch auch bei Reimer ist die Gerechtigkeit im Ausgangspunkt ein *aliud* zum Recht;[60] sie bleibt ein externer Maßstab, auch wenn das Recht seiner Natur nach zur Gerechtigkeit streben mag. So ist auch die Sonne der Erde extern, obschon diese unablässig zu jener hingezogen wird.

Reimer versteht die subsidiäre Gerechtigkeit für die Rechtsanwendung gleichwohl als rechtsinternen Maßstab – der aus dem Recht unausschließbar sei, weil er dem Recht immanent sei. Für ihn würde das Recht seinen Charakter verlieren, wenn es die Gerechtigkeit als Argument jenseits des gesetzlichen Vorrangs exkludiert:

Rules, Principles, and Defeasibility, in: Martin Borowski (Hrsg.), On the Nature of Legal Principles, Steiner 2010, S. 79–91 (81).

[59] Das verschwimmt in der Wahrnehmung der im Kern auf den prozeduralen Richtigkeitsmaßstab bezogenen Sonderfallthese, vgl. *Robert Alexy*, Theorie der juristischen Argumentation. Die Theorie des rationalen Diskurses als Theorie der juristischen Begründung, Suhrkamp 1978, S. 261–272; dazu *Carsten Bäcker*, Begründen und Entscheiden. Kritik und Rekonstruktion der Alexyschen Diskurstheorie des Rechts, 2. Aufl. Nomos 2012, S. 207–286.

[60] Vgl. nur *Reimer*, S. 11: „außerrechtliche Gehalte".

die Exklusion als Suizid. Er betrachtet die Gerechtigkeit, trotz gewisser Gefahren, insgesamt als positives und konstruktives Ziel der Rechtsanwendung,[61] übertrumpft nur von der Gesetzesbindung. Ihm schwebt ein arbeitsteiliges Modell von Rechtsetzung und Rechtsanwendung auf dem Weg zur Verwirklichung der Gerechtigkeit durch Recht vor. Die daraus resultierende Aufgabe sei es, so vielleicht die Hauptbotschaft seiner Überlegungen, nicht länger die Gerechtigkeit als Zielmarke auch und gerade der Rechtsanwendung schamhaft zu verschweigen,[62] sondern eine adäquate Methodologie der Gerechtigkeitsfindung in der Rechtsanwendung zu entwickeln.[63]

Für einen Gerechtigkeitsexkludierer liegt der Suizid des Rechts dagegen in der Inklusion der Gerechtigkeit – die auch hier wieder als Chiffre für den dem Recht zwar stets unterliegenden, immer aber unerreichbaren und wohl auch nie sicher erkennbaren Maßstab allgemeiner praktischer Richtigkeit[64] verstanden wird. Die Erde verbrennt, wenn sie der Sonne zu nahe kommt. Die Gerechtigkeit bleibt als Zielmarke der Rechtsanwendung rechtsextern, sie ist nicht wesensimmanent. Das Recht verheißt

[61] Obschon ihm Bedenken hins. der Ambiguität der Gerechtigkeit bewußt sind, vgl. *Reimer*, S. 11.

[62] Vgl. *Reimer*, S. 2: „schamhaft selten gebrauchtes, geradezu verschwiegenes Argument".

[63] *Reimer*, S. 36, hält eine Klärung der Methodologie der Gerechtigkeitsfindung in der Rechtsanwendung für problematisch, aber möglich; es blieben „zahlreiche Ansätze und Theorien, die sich in Diskussion und Anwendung fruchtbar machen lassen, vom Kategorischen Imperativ über den Schleier des Nichtwissen bis zur Dialogik des Rechts und der Theorie der pluralistischen Grundsätzlichkeit".

[64] Zur Relativität der Richtigkeit als immanenter Schwäche der Diskurstheorie *Bäcker* (Fn. 59), S. 124 f.

zwar Gerechtigkeit, es kann aber (nur) Rechtssicherheit gewährleisten.[65] In dieser Tragik liegt sein Wesen. Im Vertretbarkeitsraum[66] ist der Rückgriff auf außerrechtliche Vorgaben deswegen abhängig von einer entsprechenden Öffnung durch den Rechtsetzer.

Normativ gewendet: Die relativ unsichere Gerechtigkeit sollte so weit wie möglich vom relativ sicheren positiven Recht (wie es sich in Gesetzen, ferner Präjudizien und auch Dogmatik konstituiert) verdrängt werden. Mit einer inhärenten Offenheit des Rechts gegenüber der Gerechtigkeit geht ein zu gewaltiges Mißbrauchspotential einher.[67] Die Gerechtigkeitsexklusion ist das Ergebnis konsequenter Gerechtigkeitsskepsis – eine Skepsis, die Reimer im Grundsatz mit seinem Gerechtigkeitsvorrang teilt,[68] die er aber jenseits dieses Gesetzesvorrangs zurückstellt.

III. Die These der Gerechtigkeitssubstitution

Vor diesem Hintergrund ist die These der Gerechtigkeitsexklusion, die eher deontologischer Natur ist – die Gerechtigkeit *soll* aus dem Recht ausgeschlossen bleiben –

---

[65] Das läßt sich mit Radbruchs Rechtsphilosophie vereinbaren, vgl. *Bäcker* (Fn. 10), S. 45.

[66] Näher zum Vertretbarkeitsraum *Carsten Bäcker*, Anspruch und Wirklichkeit des richterlichen Entscheidens. Ulfried Neumann und die Illusion der einzig richtigen Antwort, in: Frank Saliger u. a. (Hrsg.), Rechtsstaatliches Strafrecht, Müller 2017, S. 43–54 (45–47).

[67] So haben etwa NS-Juristen den Anspruch erhoben, ihr Staat sei ein wahrer Gerechtigkeitsstaat, da er den Rechtsstaat überwunden habe, vgl. *Bäcker* (Fn. 13), S. 164.

[68] Vgl. *Reimer*, S. 13, 22.

noch um eine eher ontologische These zu ergänzen: die Gerechtigkeit *wird* durch das Recht ersetzt.

Dies sei, in gebotener Kürze, diskurstheoretisch unterfüttert: Es ist die Aufgabe des Rechts, die diskursimmanenten Unsicherheiten im Feststellen von Antworten auf praktische Fragen[69] durch verbindliche Setzungen zu beseitigen – die allerdings fehlerhaft sein können und deswegen grundsätzlich widerrufbar bleiben müssen.[70] Die auch von Reimer angenommene Idealität der Gerechtigkeit kann stets nur bestmöglich durch das Recht realisiert werden. Gleichwohl löst die harte Realität des Rechts die luftige Idealität der Gerechtigkeit ab – in der Ersetzung der unsicheren Gerechtigkeit durch die Sicherheit des Rechts liegt der Auftrag des Rechts.[71]

Diese These der Gerechtigkeitssubstitution unterstreicht, warum es nicht wünschenswert, sondern systemisch bedrohend ist, wenn die Gerechtigkeit als universelles Argument im und gegen das Recht durch die Hintertür einer Radbruchschen Formel, den Art. 20 Abs. 3 GG oder, wie bei Reimer, als rechtsnatürlich gegebener Fixpunkt der Rechtsanwendung wieder hineingeführt wird – sei es auch nur in milder Form, als Unungerechtigkeit,[72] als Korrektiv für extreme Ungerechtigkeiten im Rahmen und

[69] Zu diesem Indefinitätsproblem vgl. *Bäcker* (Fn. 59), 2012, S. 164 f.

[70] Zu dieser Flexibilitätskomponente, die zu einem Rechtsänderungsgebot erstarken kann, vgl. *Carsten Bäcker*, Begrenzter Wandel. Das Gewollte als Grenze des Verfassungswandels am Beispiel des Art. 6 I GG, AöR 143 (2018), 339–392 (365).

[71] So die auch laut *Reimer* herrschende Meinung in der rechtstheoretischen Methodenlehre, vgl. S. 19–22.

[72] Vgl. *Reimer*, S. 39 ff.

im Namen des Rechts.[73] Von Ungerechtigkeiten, auch extremer Art, muß sich das gesetzte Recht selbst heilen; und zwar in erster Linie durch Rechtsänderungen.[74] Die „Verpanzerung" des Rechts, die „Immunisierung gegen Gerechtigkeitsargumente", wie es Reimer formuliert,[75] hat also ihren guten Grund.

Freilich gilt: Soweit das Recht keine Regelungen trifft, kann die Gerechtigkeit nicht durch Recht ersetzt sein. Die Konsequenz daraus ist aber nicht, hier den Rechtsanwender zur Erfindung von richtigem Recht an einem dem Recht ohnehin innewohnenden Maßstab der Gerechtigkeit berufen zu sehen. Vielmehr kann das Recht, wenn es keine Regelungen trifft, eben auch keine rechtlichen Antworten geben. Möglich sind dann nur politische Antworten, die natürlich einst zu Recht werden können – vornehmlich durch den Gesetzgeber, aber auch durch den Rechtsanwender als einem sekundären derivativen oder mittelbaren Rechtsetzer. Gleiches gilt, wenn das Recht die Gerechtigkeit nur teilweise ersetzt und, gewollt oder ungewollt,[76] der Rechtsanwendung im Einzelfall einen Spielraum öffnet oder offenhält. Auch insoweit bleiben zur

---

[73] In diese Richtung geht *Reimer* mit der These, „Ungerechtigkeiten des geltenden Rechts sind also nicht als solche pathologisch", S. 16.

[74] Zur Ausnahme des diskursiven Notstands, in dem eine Rechtsänderung rechtlich oder faktisch ausgeschlossen ist, vgl. *Bäcker* (Fn. 70), S. 365 f.

[75] Für beide Anführungen *Reimer*, S. 22.

[76] Es dürfte einen Unterschied machen, ob das gesetzte Recht einen intendierten (Art. 14 Abs. 3 S. 3 GG), einen strukturellen (Grundrechtsabwägung) oder einen nicht-intendierten Spielraum für Gerechtigkeitserwägungen (Analogiebildung) bereithält. Dem wäre nachzugehen.

rechtlichen Entscheidung eines Falles nur nichtrechtliche Maßstäbe.[77] Allerdings sind derartige Spielräume in den fortgeschrittenen Rechtssystemen unserer Zeit regelmäßig durch höheres Recht, spätestens durch das materielle Verfassungsrecht, rechtlich präformiert. Erst die danach noch verbleibenden Spielräume, wie sie etwa in der Abwägung verfassungsrechtlicher Prinzipien jenseits einschlägiger Judikatur des Bundesverfassungsgerichts bestehen mögen, dürften es erlauben und auch erfordern, im Recht noch anhand von außerrechtlichen Gerechtigkeitskriterien zu entscheiden.[78] *Rechtlich* zwingend ist das aber, anders als bei Reimer, gerade nicht; das Recht als normativer Rahmen ist hier vielmehr schon erschöpft.

Es ist, ganz im Sinne der Substitutionsthese, eine existenzsichernde Selbstheilung des Rechts, daß ein naturgemäß offenes rechtliches Rahmenwerk sich auch durch die Rechtsanwendung stetig verfestigt und verfeinert.[79] Einmal anhand von außer- oder vorrechtlichen Kriterien gefundene Antworten, die von zur Entscheidung berufenen Instanzen gegeben werden, werden zu rechtlichen Maßstäben. Dies zeigt sich, wie kaum irgendwo sonst, in der begründeten Annahme, daß unser Verfassungsrecht das ist, was das Bundesverfassungsgericht für das Verfassungsrecht hält.

---

[77] Soweit nicht höherrangiges Recht, namentlich das Verfassungsrecht, die Entscheidung determiniert.

[78] Vieles spricht dafür, daß hier der allgemeine praktische Diskurs wieder auflebt – mit all seinen Stärken (Richtigkeitsoptimierung) und Schwächen (Nichtidealität, Entscheidungsindefinität).

[79] Erkannte Fehlbildungen des Rechts jenseits des Gewollten oder Gesollten sind freilich aufzulösen und durch Rechtsetzung abzuändern.

Angelehnt an Radbruch läßt sich damit festhalten: Das Recht ist die Wirklichkeit, die den Sinn hat, die Gerechtigkeit zu ersetzen. Wer mehr Gerechtigkeit will, muß für weniger Recht plädieren. Erstrebenswert scheint das nicht zu sein.

Kommentar

von *Michael Potacs*

I.

Das Thema „Gerechtigkeit als Methodenfrage" kann Unterschiedliches bedeuten. Zunächst einmal kann darunter die Frage nach einer Methodik zur Ermittlung der Gerechtigkeit verstanden werden. Im juristischen Kontext kann damit aber auch die Frage nach der Relevanz von Gerechtigkeitsüberlegungen bei der Rechtsanwendung gemeint sein. In diesem Sinne wird die Thematik auch von *Franz Reimer* im vorliegenden Zusammenhang behandelt. Es geht demnach vor allem um die Frage, ob und inwieweit bei der Auslegung von Rechtsvorschriften in methodisch zulässiger Weise die Gerechtigkeit eine Rolle spielen kann. Auf diese Fragestellung bezieht sich daher auch mein folgender Kommentar.

II.

Eine Auseinandersetzung mit dieser Frage hat bei den traditionellen juristischen Auslegungsmethoden anzusetzen, die der Unterscheidung zwischen Semantik und

Pragmatik in natürlichen Sprachen Rechnung tragen.[1] Das ist auch nicht überraschend, weil sich Rechtsetzer zur Vermittlung ihrer Anordnungen in der Regel natürlicher Sprachen bedienen. Es ist daher anzunehmen, dass sie ihre derart zum Ausdruck gebrachten Anordnungen grundsätzlich auch nach Maßgabe der Regeln natürlicher Sprachen verstanden wissen wollen. Die juristischen Methoden umfassen demnach die der Semantik zurechenbare Wortsinninterpretation ebenso wie die pragmatischen Regeln der historischen, systematischen und teleologischen Auslegung.[2] Sie bringen den „sprachlichen Willen" eines Rechtsetzers zum Ausdruck, der den Gegenstand juristischer Interpretation bildet.[3]

Dabei ist zu beachten, dass die verschiedenen Auslegungskriterien diesen „sprachlichen Willen" im jeweiligen Einzelfall mit unterschiedlicher Überzeugungskraft dokumentieren können. Aus diesem Grund vermag meiner Ansicht nach (der insoweit auch *Reimer* folgt[4]) auch nur ein „bewegliches System der Auslegungskriterien"[5] den Willen eines Rechtsetzers adäquat zu rekonstruieren. Entscheidender Leitgedanke ist dabei die *Zusinnbarkeit*

---

[1] Zur Herkunft der traditionellen juristischen Auslegungsmethoden aus dem allgemeinen Sprachgebrauch siehe näher *Michael Potacs*, Rechtstheorie, 2. Aufl. Wien 2019, 141 ff.

[2] Zur Unterscheidung zwischen Pragmatik und Semantik und ihrer Bezüge zu den juristischen Interpretationsmethoden näher *Potacs* (Fn. 1), sowie grundlegend *Stefan Griller/Michael Potacs*, in: H. Vetter/M. Potacs (Hrsg.), Beiträge zur juristischen Hermeneutik, Wien 1990, 66.

[3] ZB *Potacs* (Fn. 1), 52.

[4] *Franz Reimer*, Juristische Methodenlehre, Baden-Baden 2016, 197, Rn. 417.

[5] *Potacs* (Fn. 1), 148.

einer sprachlichen Bedeutung, die auch sonst im Gebrauch natürlicher Sprachen maßgeblich ist. Die Bedeutung einer Rechtsvorschrift bestimmt sich demzufolge danach, was den jeweiligen Rechtsetzern nach den in den traditionellen juristischen Methoden manifestierten Regeln natürlicher Sprachen als von ihnen gewollt zusinnbar erscheint.[6] Zu betonen ist freilich, dass ein solcher zusinnbarer Wille mitunter auch allein durch pragmatische Anhaltspunkte wie etwa dem Zweck der Regelung zutage treten kann. Entgegen verbreiteter (aber auch von *Reimer* zumindest grundsätzlich nicht geteilter[7]) Auffassung markiert daher der Wortsinn nicht unbedingt den Gegenstand juristischer Interpretation und damit auch nicht die Grenzen des positiven Rechts.[8] Entscheidend ist vielmehr, welcher Inhalt einer Rechtsvorschrift auf Grund des „beweglichen Systems der Auslegungskriterien" einem Rechtsetzer am ehesten als von ihm gewollt zugesonnen werden kann.

Eine Beurteilung nach Maßgabe des „beweglichen Systems der Auslegungskriterien" erfordert vielfach eine abwägende Einschätzung zwischen verschiedenen Interpretationsvarianten. Eine solche wohlüberlegte Ab-

---

[6] *Potacs* (Fn. 1), 52. Grundlegend zur Zusinnbarkeit als maßgeblichem Leitgedanken juristischer Interpretation siehe *Heinz Peter Rill*, Juristische Methodenlehre und Rechtsbegriff, ZfV 1985, 461, 577 (466, 585); *derselbe*, Hermeneutik des kommunikationstheoretischen Ansatzes, in: H. Vetter/M. Potacs (Hrsg), Beiträge zur juristischen Bedeutung, Wien 1990, 53 (55). In diesem Sinne etwa auch *Andrei Marmor*, Interpretation and Legal Theory, Second Edition Oxford and Portland 2005, 23, wenn er davon ausgeht, „that interpretation is essentially a matter of attributing intentions".

[7] *Reimer* (Fn. 4), 249, Rn. 553.

[8] *Potacs* (Fn. 1), 151.

wägung vermag zwar ein Interpretationsergebnis mehr oder weniger überzeugend erscheinen lassen. Allerdings verlangt diese Vorgangsweise mitunter auch eine wertende Einschätzung, weshalb sich auf rein erkenntnismäßigem Wege ein Auslegungsergebnis auf diese Weise auch nicht immer erzielen lässt. Es ist nicht zu bezweifeln, dass im Rahmen dieses Wertungsspielraumes („dezisionistischer Rest“[9]) persönliche Gerechtigkeitsvorstellungen der Interpreten für die Entscheidung zugunsten eines bestimmten Ergebnisses in methodisch nicht zu beanstandender Weise ausschlaggebend sein können. Davon geht allem Anschein nach auch *Reimer* aus, wenn er im Rahmen einer solchen Entscheidung den „Raum für eine methodisch nicht erfassbare personale Gerechtigkeit“[10] sieht.

III.

Allerdings können die Ausführungen von *Reimer* dahingehend verstanden werden, dass seiner Ansicht nach die Berücksichtigung von Gerechtigkeitsüberlegungen auf die Ausübung eines Wertungsspielraumes bei der Auslegung sowie bei der Einräumung von Beurteilungsspielräumen durch das positive Recht beschränkt bleibt. Heißt es bei ihm doch etwa, dass eine Freiheit „in der Wahl konkreter Gerechtigkeitskriterien“ bestünde, soweit „der Verfassung-

[9] *Michael Potacs*, Can We Escape Normativism in Law?, in: C. Bezemek/M. Potacs/A. Somek (Ed.), Vienna Lectures on Legal Philosophy, Volume 2, Normativism and Anti-normativism in Law, Oxford-London-New York-New Dehli-Sydney 2020, 151 (154).

[10] *Franz Reimer*, Gerechtigkeit als Methodenfrage, Tübingen 2020, 32.

geber keine Festlegungen getroffen hat“[11]. Auch bedürfe es überall dort der Gerechtigkeit, „wo das geltende Recht Freiräume lässt. Das schließt Fälle ein, in denen das Recht keine klaren Antworten gibt“[12]. Oder noch deutlicher: „Dennoch bleiben, wo immer Normen nicht abschließend determinieren, und das heißt: *überall* – von der Begriffsbildung über die Sachverhaltsarbeit bis zur Abfassung der Entscheidungsbegründung – Anwendungsfelder für ein Gerechtigkeitsbewusstsein“[13].

Reimer dürfte demnach meinen, dass Gerechtigkeitsüberlegungen kein Auslegungskriterium zur Ermittlung des Sinngehaltes von Rechtsvorschriften darstellen. Vielmehr würden sie nur dort zum Tragen kommen, wo der Sinngehalt von Rechtsvorschriften den Rechtsanwendern Freiräume einräumt oder ein Sinngehalt im Wege der Auslegung nicht einwandfrei ermittelbar ist. Für eine solche Deutung der Ausführungen *Reimers* spricht nicht zuletzt auch der Umstand, dass für ihn die Rechtsanwender einen „ergänzenden Auftrag zur Gerechtigkeitsverwirklichung“[14] haben. Die „Ergänzung“ soll demnach offenbar zusätzlich zu den Determinanten des positiven Rechts erfolgen, dessen Bedeutung dann aber wohl auf Grund anderer Kriterien herauszufinden wäre. Gerechtigkeitsüberlegungen sind bei dieser Sichtweise keine Auslegungskriterien für die Feststellung der Bedeutung von Rechtsvorschriften, sondern zusätzliche Leitgedanken für die Ausfüllung von Spielräumen, die bei der auf andere

[11] *Reimer* (Fn. 10), 12.
[12] *Reimer* (Fn. 10), 42.
[13] *Reimer* (Fn. 10), 41.
[14] *Reimer* (Fn. 10), 22.

Weise erfolgten Auslegung von Rechtsvorschriften offen bleiben. Sollte *Reimer* in diesem Sinne zu verstehen sein[15], dann ist ihm hier die Auffassung entgegenzusetzen, dass Gerechtigkeitsüberlegungen sehr wohl Auslegungskriterien für die Ermittlung des Sinngehaltes von positiven Rechtsvorschriften darstellen können.

IV.

Um dies zu verdeutlichen, ist zunächst einmal daran zu erinnern, dass nach begründeter Auffassung der besondere Charakter von Auslegungskriterien in ihrer Eigenschaft als Zusinnbarkeitskriterien zu sehen ist.[16] Das gilt für die Wortsinninterpretation ebenso wie für die historische, systematische, teleologische oder historische Auslegung. Sie alle lassen in ihren unterschiedlichen Ausprägungen Rückschlüsse auf einen dem Rechtsetzer zusinnbaren Willen zu. In allgemeiner Weise kann man durchaus sagen, dass sämtliche Auslegungskriterien nur Ausprägungen des allgemeinen Grundsatzes sind, wonach einer Äußerung (wie etwa einer Rechtsvorschrift) lediglich ein nach den jeweiligen Umständen zusinnbarer Inhalt beigemessen werden darf.[17] Diese allgemeine Umschreibung bietet den Ansatz für die Überlegung, dass auch Gerechtigkeitsvorstellungen ein Auslegungskriterium für die Ermittlung des Sinngehaltes von Rechtsvorschriften darstellen können.

---

[15] Siehe allerdings auch unter VI.

[16] Siehe unter II.

[17] *Potacs* (Fn. 1), 167 f.

Freilich ist einzuräumen, dass der Begriff der Gerechtigkeit vor allem in der Philosophie keine klaren Konturen aufweist. Doch steht dieser Umstand der Qualifikation der Gerechtigkeit als Zusinnbarkeitskriterium nicht prinzipiell entgegen. Dafür ist vielmehr maßgeblich, dass in der gesellschaftlichen Realität bestimmte Gerechtigkeitsvorstellungen durchaus Anerkennung gefunden haben. Gewiss mögen diese gerade in pluralistischen Gesellschaften keineswegs immer unbestritten sein und vielfach miteinander konkurrieren. Allerdings ist auch zu konstatieren, dass sich manche Gerechtigkeitsvorstellungen in der Gesellschaft verfestigt haben und weitgehend konsensfähig geworden sind. Mit gutem Grund ist daher auch in der Rechtsprechung des BVerfG von „fundierten allgemeinen Gerechtigkeitsvorstellungen der Gemeinschaft"[18] die Rede. Insoweit ist daher auch *Reimer* zu folgen wenn er meint, „dass Gerechtigkeitsurteile als Werturteile eben nicht unrettbar dem Subjektivismus anheimfielen", sondern „dem Diskurs und damit einer Plausibilisierung oder Entplausibilisierung zugänglich sind"[19]. Als verfestigte Wertvorstellungen einer Gesellschaft erscheinen sie dann aber auch einem Rechtsetzer grundsätzlich zusinnbar. Kann doch zumindest prinzipiell angenommen werden, dass Rechtsetzer keine Anordnungen zu setzen trachten, die mit herrschenden Wert- und damit Gerechtigkeitsvorstellungen nicht in Einklang zu bringen sind. Insoweit können daher auch Gerechtigkeitsüberlegungen Anhaltspunkte bieten, die ebenso wie andere Auslegungskriterien Rückschlüsse auf

[18] BVerfGE 34, 269 (*Soraya*), Rn. 39, m. w. N.
[19] *Reimer* (Fn. 10), 32.

den „sprachlichen“ Willen der Rechtsetzer zulassen. Aus diesem Grund ist auch die unter Berufung auf *Karl* Larenz geäußerte Ansicht *Reimers*, wonach die Gerechtigkeit der Fallentscheidung „kein Auslegungskriterium neben anderen ist“[20], durchaus in Zweifel zu ziehen.

V.

Dies führt zur Frage, wie sich derart verfestigte Gerechtigkeitsvorstellungen feststellen lassen, die dann auch für die Auslegung von Rechtsvorschriften maßgeblich sein können. Gewiss liegen einige dieser Wertvorstellungen einer Reihe von positivrechtlichen Regelungen zugrunde, die daher auch als Manifestationen eines gesellschaftlich etablierten Gerechtigkeitsverständnisses angesehen werden können. Zutreffend wird von *Reimer* in diesem Zusammenhang von einer „Mediatisierung der Gerechtigkeit durch das Recht“[21] gesprochen. Zumindest im Ergebnis ist *Reimer* außerdem Recht zu geben, wenn er darin auch die Gefahr einer „Versuchung einer Immunisierung gegen Gerechtigkeitsargumente, die Gefahr einer Verpanzerung“[22] sieht. Denn in der Gesellschaft verfestige Gerechtigkeitsvorstellungen müssen nicht unbedingt in geltenden Rechtsvorschriften des positiven Rechts zum Ausdruck kommen. Dessen ungeachtet können sie aber dennoch im gesellschaftlichen Leben anerkannt und daher auch für die Bedeutung von Sprechkaten im Kom-

[20] *Reimer* (Fn. 10), 26.
[21] *Reimer* (Fn. 10), 22.
[22] Ebenda.

munikationsprozess mitbestimmend sein. Es ist dann aber auch kein Grund zu sehen, weshalb sie nicht auch ein prinzipiell plausibles Kriterium für die Auslegung von Rechtsvorschriften sein können.

Freilich bleibt die Frage des Nachweises von weitgehend anerkannten Gerechtigkeitsvorstellungen, die nicht unbedingt in Texten des positiven Rechts ihren erkennbaren Ausdruck gefunden haben. Gewiss kämen dafür empirische Untersuchungen in Betracht, die aber mit einem erheblichen Aufwand verbunden wären. Würde man für den Nachweis solcher Wertungen eine entsprechende empirische Absicherung verlangen, dann wäre die Rechtsanwendung vor schwer zu bewältigende Probleme gestellt. Es ist allerdings zu betonen, dass sich diese Problematik auch bei anderen Auslegungskriterien wie insbesondere der Wortsinninterpretation stellt. Auch hier ist (abgesehen von einem keineswegs immer verlässlichen Blick in Wörterbücher) ein empirischer Nachweis der in der Kommunikationspraxis in Verwendung stehenden üblichen Wortbedeutungen ohne aufwendige Untersuchungen kaum möglich. Solche Untersuchungen sind aber von der juristisch geprägten Rechtsanwendung schwer zu leisten und können auch in rechtsstaatlichen Ordnungen nicht ernsthaft verlangt werden. Ganz allgemein darf daher angenommen werden, dass nach dem Willen von Rechtsetzern im Regelfall eine Auslegung ihrer Anordnungen unter Rückgriff auf die eigene Sprachkompetenz der Interpreten als Mitglieder der Kommunikationsgemeinschaft ausreichend ist.[23]

---

[23] Näher *Potacs* (Fn. 1), 150.

Das gilt dann aber auch für die Berücksichtigung von allgemein anerkannten Gerechtigkeitsvorstellungen, die als etablierter Bestandteil der gesellschaftlichen Kommunikationspraxis (ebenso wie etwa der übliche Wortsinn) ein Zusinnbarkeits- und damit Auslegungskriterium für die Ermittlung des Sinngehaltes von Rechtsvorschriften darstellen. Eine solche Berufung auf die kommunikative Kompetenz der Rechtsanwender führt keineswegs (ebenso wenig wie etwa bei der Feststellung des üblichen Wortsinnes) notwendiger Weise zu einem reinen Subjektivismus. Vielmehr muss eine solche Behauptung auch intersubjektiv nachvollziehbar erscheinen, um im Kommunikationsprozess überzeugend zu wirken. Das ist aber wiederum nur dann möglich, wenn die geltend gemachten Gerechtigkeitsvorstellungen (ebenso wie etwa der behauptete übliche Wortsinn) in der Kommunikationsgemeinschaft weitgehende Anerkennung finden. Im Ergebnis ist daher auch insoweit der Meinung *Reimers* zu folgen, dass Gerechtigkeitsurteile „dem Diskurs und damit einer Plausibilisierung oder Entplausibilisierung zugänglich“[24] sind.

VI.

Damit stellt sich als weitere Frage, wie sich eine solche Berücksichtigung von anerkannten Gerechtigkeitsvorstellungen bei der Auslegung in die traditionelle juristische Methodik einordnen lässt. Dazu ist zunächst darauf hinzuweisen, dass in positiven Rechtsvorschriften mit-

[24] *Reimer* (Fn. 10), 32.

unter Begriffe wie „Billigkeit“ oder „Angemessenheit“ verwendet werden, die schon ihrem Wortsinn nach auf im Einzelfall zu bestimmende gerechte Lösungen abstellen. Die Bedachtnahme auf weitgehend akzeptierte Gerechtigkeitsurteile hat in diesen Fällen auf Grund einer Wortsinninterpretation zu erfolgen. Ansonsten kann die Bezugnahme auf verfestigte Gerechtigkeitsvorstellungen vor allem im Rahmen einer teleologischen Auslegung eine Rolle spielen, wovon ausdrücklich auch *Reimer* ausgeht[25]. Dieses Bekenntnis *Reimers* lässt freilich gewisse Zweifel an der Einschätzung aufkommen, dass Gerechtigkeitsüberlegungen für ihn nur dort zum Tragen kommen, wo der Auslegung auf erkenntnismäßigem Weg Grenzen gesetzt sind oder das positive Recht Entscheidungsspielräume gewährt.[26] Denn bei der teleologischen Interpretation handelt es sich wohl um eine Methode zur Ermittlung des Inhaltes des positiven Rechts und damit um ein Auslegungskriterium. Allerdings geht *Reimer* davon aus, dass gerade die teleologische Auslegung Raum für Eigenwertungen der Interpreten bieten, wenn man bei ihm liest: „Die teleologische Auslegung führt typischerweise zu einer Effektuierung der Gerechtigkeitsvorstellung des Interpreten.“[27]

Diese apodiktische Einschätzung mag überzogen erscheinen, wenn man bedenkt, dass es bei der teleologischen Interpretation um die Ermittlung des Sinngehaltes von Rechtsvorschriften auf Grund ihres erkennbaren Zweckes geht.[28] Allerdings ist zuzugestehen, dass der Zweck

---

[25] *Reimer* (Fn. 10), 30.
[26] Siehe dazu unter III.
[27] *Reimer* (Fn. 10), 27.
[28] So grundsätzlich auch *Reimer* (Fn. 4), 173, Rn. 357.

einer rechtlichen Regelung im jeweiligen Einzelfall mit unterschiedlicher Deutlichkeit zutage treten kann. Wird doch der Zweck einer Vorschrift keineswegs immer im Gesetzestext oder den Gesetzesmaterialen explizit zum Ausdruck gebracht. Ist dies nicht der Fall, dann muss der fraglichen Bestimmung ein Zweck unterstellt werden, den sie im jeweiligen Kontext mehr oder weniger plausibel verfolgen könnte.[29] Bei einer derartigen Ermittlung des Zweckes einer Vorschrift auf Grund ihres Kontextes spielen Sach- und Werterfahrungen eine wichtige Rolle[30], wovon prinzipiell auch *Reimer* ausgeht[31]. Denn diese Erfahrungen prägen den Kontext und damit die Basis für die Annahme einer bestimmten Zwecksetzung. Zu den für den Kontext maßgeblichen Werterfahrungen zählen aber auch allgemein anerkannte Gerechtigkeitsvorstellungen vor deren Hintergrund rechtlichen Regelungen erlassen werden.

Es kann daher einem Rechtsetzer zumindest grundsätzlich als Zweck einer von ihm erlassenen Vorschrift unterstellt werden, dass diese Vorschrift eine mit solchen Gerechtigkeitsvorstellungen im Einklang stehende Regelung treffen soll. Freilich ist dabei mit *Reimer* auch zu bedenken, dass bei einer Vorschrift auch eine andere Zwecksetzung wie etwa die Rechtssicherheit dominieren könnte. Letztlich kann daher auch die Unterstellung einer Zwecksetzung eine abwägende Entscheidung erfordern. Im Hinblick darauf ist im Ergebnis der Auffassung *Reimers* zu folgen, dass im Rahmen einer teleologischen Auslegung

---

[29] *Potacs* (Fn. 1), 183 f.
[30] So bereits *Griller/Potacs* (Fn. 2), 87 f.
[31] *Reimer* (Fn. 10), 29.

der „Rekurs auf Gerechtigkeit statthaft“ ist, „wenn sie denn nichtreduktionistisch verstanden und konkretisiert wird“[32].

VII.

Überdies ist zu bedenken, dass Gerechtigkeitsüberlegungen als Auslegungsgesichtspunkt im „beweglichen Systems der Auslegungskriterien“ gegenüber anderen Auslegungskriterien wie vor allem auch der Wortsinninterpretation abzuwägen sind. Die folgenden Beispiele mögen veranschaulichen, dass sich bei einer solchen Abwägung die Gerechtigkeit als Auslegungskriterium mitunter durchaus gegenüber einer Wortsinninterpretation durchsetzen kann.

Eine wichtige Rolle spielen dabei ohne Zweifel Gleichheitsüberlegungen, die in gewissem Umfang wohl immer schon ein zentrales Element des Gerechtigkeitsdenkens waren. Sie bilden auch einen wichtigen Aspekt des Analogieschusses. Davon geht auch *Reimer* aus, wenn er in der Wertungsgleichheit ein tragendes Begründungselement dieser juristischen Methode sieht.[33] Allerdings bedeutet für *Reimer* die Analogie eine Lückenschließung zwischen „ungeregeltem und geregeltem Sachverhalt“[34], womit für ihn allem Anschein nach auch diese Methode (so wie mutmaßlich die Berufung auf Gerechtigkeit im Allgemeinen[35]) eine „Ergänzung“ des positiven Rechts dar-

[32] *Reimer* (Fn. 10), 30.
[33] *Reimer* (Fn. 10), 33.
[34] Ebenda.
[35] Siehe unter III.

stellt. Das entspricht zwar einer verbreiteten Auffassung[36], die jedoch nichts desto weniger problematisch ist. Denn eine Analogie kommt vor allem dort zum Tragen, wo Rechtsetzer ihren Willen semantisch verkürzt zum Ausdruck bringen (daher besser auch „semantische Lücke“[37]), dieser Wille aber dennoch durch pragmatische Kriterien wie vor allem den Zweck der Regelung mit hinreichender Deutlichkeit in Erscheinung tritt. Die Analogie bewirkt daher auch keine „Ergänzung“ des positiven Rechts, sondern bringt den „impliziten“ Inhalt einer rechtlichen Bestimmung zum Vorschein. Ein maßgeblicher Gesichtspunkt ist dabei die Überlegung, dass eine unterschiedliche Behandlung zwischen vom Wortsinn erfassten und davon nicht erfassten Sachverhalten im Hinblick auf den Zweck einer Regelung „ungerecht“ erscheint und daher dem Rechtsetzer auch nicht als von ihm gewollt zugesonnen werden kann.

Weiters kann die Berufung auf den Grundsatz von „Treu und Glauben“ dazu führen, dass sich Gerechtigkeitsvorstellungen gegenüber dem Wortsinn einer Vorschrift durchzusetzen vermögen. Als Beispiel dafür ist etwa auf das weitgehend anerkannte Verbot des Rechtsmissbrauchs hinzuweisen, das in Form des „Schikaneverbotes“ eine besondere Ausprägung erfahren hat. Dem österreichischen Recht ist etwa ein allgemeines Schikaneverbot (so wie es in § 226 BGB ausdrücklich verankert ist) fremd[38]. Dennoch

---

[36] Siehe nur *Claus-Wilhelm Canaris*, Die Feststellung von Lücken im Gesetze, 2. Auflage Berlin 1983, 39, der unter einer Lücke eine „planwidrige Unvollständigkeit des positiven Rechts“ versteht.

[37] *Potacs* (Fn. 1), 202.

[38] § 1295 Abs 2 ABGB kennt nur ein einen Schadenersatzanspruch, aber keinen Unterlassungsanspruch bei schikanöser Rechtsausübung.

wird vom obersten Gerichtshof (OGH) ein solches weitgehend anerkannt, weshalb etwa eine ihrem Wortsinn nach uneingeschränkte Befugnis zum „Teppichklopfen“ in einer Hausordnung ein Teppichklopfen nur zum Ärgernis der übrigen Hausparteien nicht mitumfasst.[39] Ebenso gilt ein seinem Wortsinn nach uneingeschränktes Auskunftsrecht nach der Rechtsprechung des OGH nicht auch für Auskunftsverlangen mit dem ausschließlichen Zweck, die Verpflichteten möglichst zu beschäftigen.[40] Die Annahme der Unzulässigkeit eines solchen Rechtsmissbrauches hat eine lange Tradition und war bereits im Römischen Recht anzutreffen.[41] Ihr liegt wohl der Gedanke zugrunde, dass nach allgemein anerkannten Gerechtigkeitsvorstellungen ein eingeräumtes Recht nicht zu dem ausschließlichen Zweck ausgeübt werden soll, jemand anderen zu ärgern oder zumindest zu beschäftigen. Eine solche Befugnis kann einem Rechtsetzer daher selbst dann nicht als von ihm gewollt zugesonnen werden, wenn sie der Wortlaut zuließe.

Aber auch ein von *Ronald Dworkin* für die Verdeutlichung seiner Prinzipienlehre uns Treffen geführtes Beispiel, vermag die Durchsetzungskraft einer Berufung Gerechtigkeitsvorstellungen gegenüber einer Wortsinninterpretation zu veranschaulichen. Dabei geht es um das Urteil eines US-Gerichtes im Fall *Riggs versus Palmer*, demzufolge ein testamentarischer Erbe einen von ihm ermordeten Erblasser auch dann nicht beerben darf, wenn das Gesetz seinem Wortsinn nach ein solches Erbe unein-

[39] OGH 12.10.1955, 2 Ob 576/55.

[40] OGH 5.2.2008, 5 Ob 11/08s u.a.

[41] Siehe nur *Georg Kodek*, Abuse of Law in Civil Law, in: L. Tichý/M. Potacs (Hrsg), Abuse of Law, Prag 2017, 77 (81 ff).

geschränkt zulässt.[42] Man kann darin eine den Wortsinn der betreffenden gesetzlichen Regelung einschränkende „teleologische Reduktion" unter Berufung auf Gerechtigkeitsüberlegungen sehen. Demnach ist dem Gesetzgeber im Lichte allgemeiner Gerechtigkeitsvorstellungen nur schwer zusinnbar, dass testamentarisch eingesetzte Erben auch bei Tötung des Erblassers das Erbe anzutreten vermögen. Das Urteil im Fall *Riggs versus Palmer* lässt sich damit durchaus im Sinne eines im positiven Recht implizit verankerten Gerechtigkeitsvorbehaltes deuten und vermag bei dieser Sichtweise auch den von *Dworkin* damit bezweckten „Angriff auf den Positivismus"[43] nicht wirklich überzeugend zu untermauern.[44]

Nicht zuletzt zeigt aber auch das Urteil des BVerfG zu „Mauerschützen" dass bei der Auslegung Gerechtigkeitsüberlegungen mehr Gewicht beigemessen werden können, als dem Wortsinn einer Rechtsvorschrift. Ging es doch in diesem Urteil um die Interpretation von Art 103 Abs 2 GG, der seinem Wortsinn nach ein strafrechtliches Rückwirkungsverbot uneingeschränkt gewährleistet. Ungeachtet dieser Textierung gelangte das BVerfG zu dem Ergebnis, dass bei den „Mauerschützen" der nach der Rechtsordnung der DDR gegebene strafrechtliche Rechtfertigungsgrund nicht zur Anwendung komme. Untersage doch in dieser ganz besonderen Situation „das Gebot der materiellen Gerechtigkeit, das auch die Achtung völkerrechtlich anerkannter Menschenrechte aufnimmt,

---

[42] *Ronald Dworkin*, Bürgerrechte ernstgenommen, Frankfurt am Main 1990, 56.

[43] *Dworkin* (Fn. 42), 54.

[44] *Potacs* (Fn. 1), 110 f.

die Anwendung eines solchen Rechtfertigungsgrundes“[45]. Das Rückwirkungsverbot habe eben im Regelfall das vom Grundgesetz geprägte materielle Strafrecht im Blick, weshalb die Anwendung des Rückwirkungsverbotes in Bezug auf das Strafrecht eines Staates wie jenem der DDR dem Verfassungsgesetzgeber nicht ohne weiteres zusinnbar erscheint. Im Ergebnis führen damit auch für das BVerfG Gerechtigkeitsüberlegungen zu einer teleologischen Reduktion einer ihrem Wortlaut nach uneingeschränkten Verbürgung.

Mit diesen Beispielen soll nun nicht zum Ausdruck gebracht werden, dass alle von ihnen im Ergebnis restlos zu überzeugen vermögen. Sehr wohl aber sollen sie verdeutlichen, dass Gerechtigkeitsüberlegungen bei der Auslegung von Rechtsvorschriften einen maßgeblichen Beitrag leisten können und daher bei einer Abwägung im Rahmen des „beweglichen Systems der Auslegungskriterien“ zumindest ernsthaft ins Kalkül zu ziehen sind.

VI.

Damit gelange ich abschließend zum Gewicht, das die Berufung auf Gerechtigkeit gegenüber anderen Auslegungskriterien besitzt. Nach *Reimer* hängt das Gewicht des Gerechtigkeitsarguments „von der Qualität der Begründung ab“[46]. Dem ist zwar grundsätzlich zuzustimmen, doch setzt jede Begründung inhaltliche Vorgaben voraus, an denen sie sich orientiert. Dazu ist nochmals darauf

---

[45] BVerfGE 95 (*Mauerschützen*), 96, Rn. 138.

[46] *Reimer* (Fn. 10), 30 f.

hinzuweisen, dass sämtliche zur Verfügung stehenden Auslegungskriterien den Willen im jeweiligen Einzelfall mit unterschiedlicher Deutlichkeit Rückschlüsse auf den Willen des Rechtsetzers zulassen.[47] Das gilt auch für die Berufung auf Gerechtigkeitsüberlegungen, die damit bei der Interpretation von Rechtsvorschriften auch nicht von vorneherein besonders schwer wiegen. Vielmehr stellt auch die Gerechtigkeit ein „bewegliches“ Auslegungskriterium dar, das gegenüber anderen im Hinblick auf ihre Überzeugungskraft abzuwägen ist. Gewiss kommt dabei Gerechtigkeitsüberlegungen umso mehr Gewicht zu, je größer ihre Bedeutung und Verfestigung in den gesellschaftlichen Anschauungen ist. Auch vermögen Gerechtigkeitsvorstellungen durch Manifestation in verschiedenen gesetzlichen Regelungen bei der Auslegung an Gewicht gewinnen.

Allerdings sind Gerechtigkeitsüberlegungen stets auch gegenüber anderen ebenfalls in den Rechtsvorschriften zum Ausdruck kommenden Werten wie insbesondere der Rechtssicherheit abzuwägen.[48] Auch noch so gerecht erscheinende Ansprüche können vielfach etwa dann nicht mehr geltend gemacht werden, wenn die Verjährungsfristen verstrichen sind. Vor allem sind Bezugnahmen auf Gerechtigkeit gegenüber anderen Auslegungskriterien wie insbesondere einem damit allenfalls nur schwer in Einklang zu bringendem Wortsinn oder historischem Argument abzuwägen. Ganz im Gegenteil ist der Berufung auf Gerechtigkeitsvorstellungen dort Einhalt zu gebieten, wo andere Auslegungskriterien einen dagegen sprechenden

---

[47] Siehe unter II.

[48] Dazu z. B. BVerfGE 3, 225, Rn. 33.

Willen des Rechtsetzers mit hinreichender Deutlichkeit und damit mehr Überzeugungskraft zum Ausdruck bringen. Zutreffend stellt daher das Bundesverfassungsgericht fest, dass durch Gerechtigkeitsüberlegungen der Gerichte „der erkennbare Wille des Gesetzgebers nicht beiseite geschoben“[49] werden darf. Es steht aber durchaus im Einklang mit dieser Aussage, wenn für die Auslegung von Rechtsvorschriften dort auf Gerechtigkeitsüberlegungen zurückgegriffen wird, wo sie einen Beitrag zur Ermittlung des Willens des Gesetzgebers zu leisten vermögen.

VII.

Zusammenfassend ist daher *Reimer* jedenfalls insoweit beizupflichten, als er der „These von der Gerechtigkeitsexklusion“ bei der Rechtsanwendung entgegentritt.[50] Anders fällt das Urteil hingegen aus, wenn *Reimer* Gerechtigkeitsüberlegungen lediglich eine „ergänzende“ Funktion bei unbestimmten oder nicht bestimmbaren Inhalten des positiven Rechts beimessen sollte. Dann wäre demgegenüber zu betonen, dass Gerechtigkeitsüberlegungen auch als Auslegungskriterium der Ermittlung des Sinngehaltes positiver Rechtsvorschriften dienen können. Bei dieser Sichtweise ist es weniger von Bedeutung, dass Gerechtigkeit bei der Rechtsanwendung mit den Worten *Reimers* „als erstes, nicht als letztes Wort“[51] zum Tragen kommt. Entscheidend ist vielmehr, dass Gerechtigkeits-

[49] BVerfGE 132 (*Gleichberechtigung*), 99, Rn. 74.
[50] *Reimer* (Fn. 10), 12.
[51] *Reimer* (Fn. 10), 33.

überlegungen bei der Auslegung von Rechtsvorschriften im Rahmen eines „beweglichen Systems der Auslegungskriterien" überhaupt mit berücksichtigt werden, um den Willen des Rechtsetzers bestmöglich zu rekonstruieren.